博
雅

Liberal Arts

文质彬彬　然后君子

博雅经典

章宏伟 主编

刘大同 著
褚 馨 评注

古玉辨

中州古籍出版社
·郑州·

图书在版编目（CIP）数据

古玉辨 / 刘大同著；褚馨评注．—郑州：中州古籍出版社，2013.11（2024.1重印）
（博雅经典 / 章宏伟主编）
ISBN 978-7-5348-4451-5

Ⅰ.①古… Ⅱ.①刘…②褚… Ⅲ.①古玉器-鉴赏-中国 Ⅳ.①K876.84

中国版本图书馆CIP数据核字（2013）第240909号

GUYUAN BIAN

古玉辨

责任编辑	何慧婷	吕兵伟
责任校对	王 健
装帧设计	曾晶晶

出版社	中州古籍出版社（地址：郑州市郑东新区祥盛街27号6层 邮编：450016　电话：0371-65723280）
发行单位	河南省新华书店发行集团有限公司
承印单位	河南大美印刷有限公司
开　　本	640 mm×960 mm　1/16
印　　张	10.25
字　　数	134千字
印　　数	5 001—7 000册
版　　次	2013年11月第1版
印　　次	2024年1月第2次印刷
定　　价	38.00元

本书如有印装质量问题，请联系出版社调换。

目 录

序　言 ·············· 1
古玉辨自序 ·············· 3
古玉普通名称 ·············· 7
玉之性 ·············· 8
玉之品 ·············· 9
玉之质 ·············· 11
玉之色 ·············· 13
玉皮 ·············· 15
玉之出产 ·············· 17
玉分出土地点 ·············· 19
受色沁之古玉 ·············· 21
色沁各种名称 ·············· 24
色沁小品之精 ·············· 27
五色沁之古玉 ·············· 28
水银沁之古玉 ·············· 30
水银沁之老嫩 ·············· 33
受地火之古玉 ·············· 34
古玉出土之变相 ·············· 37
香玉 ·············· 38

温凉玉	40
澄潭水之古玉	42
重出土之古玉	43
玄玉	45
把玩之玉	46
宝玉之名称	48
异品之玉	51
骨变玉	54
传世古	55
土古	57
珆玉	59
男女老幼之别	61
贵贱之分	63
珆玉之有缺痕	65
水坑火坑干坑之比较	66
玉出土之软硬	68
出土之夷玉	69
出土之璧流离	71
刀工	73
昆吾刀之切玉	78
各国玉工之比较	79
古玉之文字	81
古玉后雕	83
刻印	85
盘玉之法	88
盘玉之难易	91
古玉活血之经验	93

古玉防险之见闻	94
石器时代之玉	96
祭祀所用之玉	98
朝会所用之玉	101
服食所用之玉	103
交际所用之玉	105
历代杂用之玉	106
石之似玉者	109
玉与古铜比较	112
玉与宝石比较	115
古玉新玉比较	117
古今佩玉不同	118
今人复古之念	120
西人之重古玉	122
好古玉之派别	124
辨古玉之特识	126
改造之古玉	127
钻眼之古玉	130
伪造古玉法	131
伪造之地点	132
伪造传世古	133
伪造土花血斑	134
伪造水坑古	135
伪造牛毛纹	136
伪造受地火者	138
仿古之比较	139
阿叩伪造法	142

提油伪造法 …………………………………… 143

油炸侩 ………………………………………… 144

灰提油法 ……………………………………… 145

养损璺 ………………………………………… 147

古玉有四异 …………………………………… 148

古玉有三忌 …………………………………… 149

古玉有四畏 …………………………………… 150

戒奢 …………………………………………… 151

序　言

刘大同（1865—1952），原名刘建封，字桐阶，又名刘石荪，别号芝叟、芝里老人、天池钓叟，山东诸城县临浯乡芝畔村人（今属安丘），清末秀才。

在近代中国历史上，刘大同是一位积极的民主革命者。他清末加入同盟会，1911年辛亥革命爆发时高举义旗响应，在吉林安图成立"大同共和国"，但因势单力薄最终被清军镇压下去；中华民国成立后，在大连成立"平民社"，宣布讨袁军起义。他先后参加过兴中会、同盟会，随孙中山在日本、上海、广州、香港等地进行革命活动，为北方旧民主主义革命巨擘，时有"南有孙中山，北有刘大同"之誉。

晚年的刘大同蛰居天津法租界，避谈时政，专以著录金石，研究书画自娱。他出身书香门第，颇得世家遗风，在革命党人中以善书工诗著称。刘大同自幼临习前人墨迹，擅长隶、楷、草书，字近明人祝允明，并自有一番风格；晚年在津兼作山水、花卉，以画墨梅为主；诗长于五古。

刘大同在现实生活中的另一面是一位古玉爱好者，正如序言中自称为"玉痴"。他自幼喜爱古物，尤钟情于古玉，终其一生收藏古玉，玩赏古玉，品味古玉，在七十五岁高龄之际，将自己的心得体会结成《古玉辨》一书，此书遂成为民国时期古玉研究的代表作。此书比较全面地反映了传统古玉学的范畴与内涵，其主旨有二：一是考辨与古玉相关的名物制度与真伪，二是阐述玩赏古玉的原则与方法，简言之即证经与把玩。这本书的诞生，表明民国时期继续完善着清末以来形成的古玉学研究体系。正如刘大同在序言中提及：自吴大澂（《古玉图考》）、陈性（《玉纪》）以来，古玉研究者、讨论者、精鉴著述者无人，长此以往，恐无人识古玉之美，因此将多年收藏、品鉴古玉的经验与感受著录成书，以示同好。

《古玉辨》著述七十九个条目，整体篇幅虽仅万言左右，但条目清晰，内容涵盖了玉的名称、品性、质地、色泽、肌理、产地等玉石知识；又涉及鉴赏家在把玩过程中的心得体会，如对各类色沁、盘玉的经验介绍，对古玉刀工的时代鉴别以及伪造古玉的方法和识别事项。通读全书，可以感到作者对古玉的喜爱、执着、感悟及与古玉之间的各种缘分融于笔端，饱含深情。

《古玉辨》属于民国时期古玉研究中的"传统派"，其在对历史文献的考释、玉器的分类定名准则、对中国玉文化内涵的阐述等方面，继承了传统古玉学研究体系，在当时具有重要的学术价值。但书中也有局限之处，因其沿用旧考释方法诠释古玉，所探讨的内容，如玉的出产、释名、用途、相关制度、色沁、辨伪等内容，均依据文献记载和时代传承的定说，缺乏科学的实证方法，因而难免会有臆断的成分和谬误。如刘大同在书中虽然多次谈论了伪造古玉及鉴定的方法，然而记录均较简略，他本人并没有亲身实践过，应也是从其他书本传抄下来或耳濡目染传听而来。又如对玉器的特性、质地方面的描述，亦是自己的主观感受和经验之谈，用今日的考古学眼光来看，其中有不少错误和纰漏，这在文中会——评析。然而，瑕不掩瑜，这些观点的偏失代表了20世纪初人们对古玉的客观认知水平，而我们现在再去看前人眼中的古玉，自然有一种别样的意境和体会。

《古玉辨》写于1940年，由当时的"东武待价轩"刊印，1989年中国书店进行翻印，1993年台湾艺术图书公司发行译注本（熊寥先生译注）。但此书自刊行至今七十余年间，版本稀少，书肆难觅。今在前人的基础上，将此书重新进行校对、译注、评析，并配以相应的彩图，以期现今的古玉爱好者有机会读到这本民国时期的赏玩著作，并借此机会就正于各位方家。

褚　馨

2013年7月于复旦大学简公堂

古玉辨自序

世之著金石书者，如无参考之书，则书不易著。如无鉴别之识，则书不易著。即使有鉴别之识，参考之书，而见闻不广，搜集无多，则书仍不易著，此理之必然者也。余自幼嗜古有癖，独于古玉则尤甚。饮食起居，佩不去身，故族中老幼，皆以玉痴目我。既壮，好之愈深，是以庚子变后，有俄使白兰荪之赠品数百具，亦奇遇也。惜宁局被回禄[1]，荡然无一存者，每一念及，不觉黯然。今老矣，而苦嗜之癖，仍不少减，殆所谓古欢清爱，年愈老而情愈笃，少时所得玉痴之名，原非无因而至也。伏思吾国文艺之开化，以玉为最古，其他皆在其后。今人只知钻石、翡翠、金银、古铜、古瓷之为贵，而不知君子比德于玉之可宝，其数典忘祖，已大谬矣。故毛氏有传，郑氏有注，许氏有书，以及宋宣和之《古玉图》[2]，吕氏之《考古图》[3]，元朱泽民所撰之《古玉图》[4]者，皆恐后人不知古玉之名称，作何使用，为考古也。吾今之作《古玉辨》者，是恐人不能辨古玉之真赝，为存古也，命名虽异，而好古之心则同也。顷于著《研乘》，补《隶篇》[5]，释《泉苑菁华》[6]，诸书脱藁[7]后，特以古玉考据之书，世不多见。如吴清卿之《古玉图考》[8]，以螭为虬之误，陈原心之《玉纪》[9]，以六千年不出世之古玉，即化为泥之谬。一近坿[10]会，一近臆断，其中固多错误，但其苦心著录，亦属不易。何者？自吴陈二君去后近数十年来，弹此调者，尚有人乎？诚恐长此已往，则讨论者无人，研究者无人，精鉴著述者更无人。正如典坟[11]丘索[12]之无人读，黄钟大吕[13]之无人闻，将古圣前贤所宝贵之球璧[14]，视若沙砾；或破圆为方，毁赵氏之完璧⑮；或染红煮黑，污虞廷之白环⑯，岂不大可惜哉？姑就耳目所及，以及六十余年把玩佩带之经验，约略记之，质诸同好，以供研究，如云著书，则吾岂敢。

庚辰春诸城刘大同自序于研光阁

[注释]

①回禄：传说中的火神名，多借指火灾。

②宋宣和之《古玉图》：作者误记。宋宣和年间有《博古图》，宋徽宗敕撰，王黼编纂，共三十卷。该书著录了宋代皇室收藏的古代铜器。

③《考古图》：成书于宋元祐七年（1092），共十卷，收录宋以前历朝青铜器和玉器等古器物二百二十四件，按器形分类编排，每件器物摹绘图形、铭文，并记录尺寸、重量和容量，是北宋金石学研究的重要著作。作者吕大临（1040—1092），字与叔。

④《古玉图》：元代的玉器著录专书，共二卷。系汇录燕京诸王公家及秘府所见古玉而成，上卷收璧、环、带钩等十七器，下卷收佩、珌等二十三器，记明尺寸、形状、玉色，并注藏家。作者朱德润（1294—1365），字泽民。

⑤《隶篇》：采撷汉魏名碑所作隶字形义汇编，清人翟云升（1776—1860）编纂，正编共十五卷，是汉字发展、隶法源流研究者和刻字工作者的重要参考书。

⑥《泉苑菁华》：清代道光咸丰间古泉学家刘喜海关于古钱币的著录，共有六卷。

⑦藁（gǎo）：通"稿"。

⑧《古玉图考》：成书于清光绪十五年（1889），录玉器近二百件，均绘有附图，并按类记述器物尺寸、名称、用途、年代及考释，是一本图文并茂、具有学术性的古玉研究专著。作者吴大澂（1835—1902），字清卿，江苏吴县（今江苏苏州）人，清末著名书法家、金石学家。

⑨《玉纪》：成书于清道光十九年（1839），一卷，记述我国古玉的专

书,分出产、名目、玉色、辨伪、质地、制作、认水银、地土、盘功等条目,属收藏家鉴定玉器的心得笔记。作者陈性,字原心。

⑩坿:同"附"。

⑪典坟:传说中古书五典三坟的略语,泛指各种书籍。

⑫丘索:古代典籍《九丘》《八索》的并称,泛指各种古籍。

⑬黄钟大吕:形容庄严、正统的音乐。黄钟,我国古代音乐十二律中六种阳律的第一律;大吕,十二律中六种阴律的第四律。

⑭球璧:泛指各类珍宝。

⑮赵氏之完璧:赵氏璧,中国历史上著名美玉和氏璧的别称。春秋时,楚人卞和自山中所得之宝玉,战国时,为赵惠文王所得,故称。这里借指各种美玉。

⑯虞廷之白环:虞廷,虞舜的朝廷,"圣朝"的代称,相传虞舜为古代的圣明之主。虞廷之白环,这里亦借指各种珍贵的美玉。

[译文]

世间著述金石学著作,若没有参考书,则很难进行;若没有鉴别赏识能力,也不容易进行;即使有鉴别能力、参考书目,但见闻不广,收藏不丰,仍然很难写书,这是必然的。我自幼喜欢收藏古物,最钟情于古玉。每天吃饭、睡觉、起身、外出,总是佩戴玉器,从不离身。所以家族中的男女老幼,都说我是"玉痴"。成年之后,对玉的喜爱更是无以复加。1900年庚子事变后,俄国大使白兰荪赠送给我数百件玉器,真是一大快事。可惜宁局遭遇火灾,存放在此的玉器没有一件幸免于难,每次回想起来,黯然神伤。现在我老了,可嗜好古玉的热情仍然不减当年。这大概就是所谓的"古欢清爱",年纪愈大,感情愈深笃,看来少年时即得"玉痴"之名,并非无缘无故。我国的古代物质文化史中,以玉为最古,其他皆晚于玉。现在的人只知道钻石、翡翠、金银器、古铜器、古陶瓷价值昂贵,却不知道用来比喻君子之德的玉的珍贵,这样忘祖忘本,真是大错特错。所以,毛公的《诗经》传、郑玄的五经注、许慎的《说文解字》,以及宋宣和年间的《博古图》、宋吕大临的《考古图》、元朱泽民的《古玉图》,皆因担忧后人不知古玉名称、古玉用途,才著述考证。我写这本《古玉辨》,是担心现在的人们不能分辨古玉真假,而影响了古玉的保存与传承。书名虽然与前人不同,但爱玉好古的心情是相同的。我倾力著作《研乘》、补辑《隶篇》、注释《泉苑菁华》,众稿完成后,发现考据古玉的书并不多见。如吴大澂的《古玉图考》,把"螭"解释为"虬";陈原心的《玉纪》中,认为六千年不出土的古玉已经化为了泥土。前一个出于牵强附会,后一个出于主观臆断,其中虽出现较多错误,但他们苦心著书立说,也确实不容易。为什么呢?吴、陈两位去世后以来的近数十年,还有谁在进行古玉的研究与著录?真担心长此下去,不仅讨论者无人、研究者无人,精于鉴定和著述者更是无人。正如"典坟""丘索"等古籍无人阅读,"黄钟""大吕"等正统音乐无人欣赏一样,现在的人会将古代贤圣们珍视的球璧珍宝视如沙砾;或者毁坏和氏璧,将其破圆为方;或将虞廷的白玉环染红或煮黑,岂不是大为可惜?姑且将我平生耳闻目见所及,以及六十余年的收藏把玩古玉的经验,约略记述下来,展示给同道好友,以供参考研究,若说这是著书立说,怎敢当呢!

1940 年春季山东诸城刘大同自序于研光阁

古玉普通名称

玉之未入土者,名曰传世古,又名自来旧;入土者名曰土古,殉葬之玉,因其含殓①,名曰琀玉。红如血者,曰血古;微红曰尸古;水银沁②者,曰黑漆古;受地火③者,纯白曰鸡骨白,微黄曰象牙白,微青曰鱼骨白。重出土者,曰重出土;伪造者曰老提油,又曰油炸侩;改造者,曰旧玉;改造后雕者,曰古玉后雕。

[注释]

①含殓:古代丧礼,纳珠玉米贝等于死者口中,并易衣衾,然后放入棺中。这里泛指用随葬品为死者陪葬的仪式。

②水银沁:清、民国古玩界一种约定俗成的术语,指地下或墓葬中的水银沁入玉器,形成的黑色沁。

③地火:又称地下煤火,是煤炭地层在地表下满足燃烧条件后,产生自燃,或经其他渠道燃烧所形成的大规模地下燃烧之火。

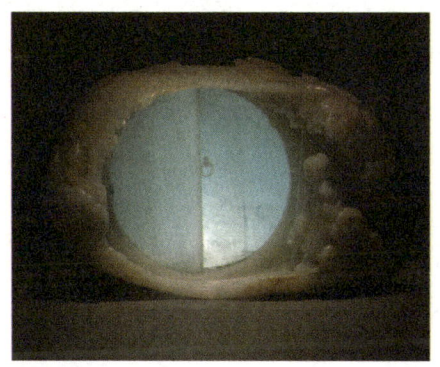

桐荫仕女图玉雕(传世古)　清乾隆　北京故宫博物院藏

玉舞人(出土古)　西汉　广州南越王墓出土

[译文]

没有埋入地下的玉器，称为"传世古"，又名"自来旧"；入土埋葬的玉器称为"土古"，殉葬的玉，因其用于入殓，又称"琀玉"。色红如鲜血者，称"血古"；微红的称"尸古"；有水银沁的，称"黑漆古"；受地火影响，纯白色的称"鸡骨白"，微黄色的称"象牙白"，微青色的称"鱼骨白"。再次出土的，称"重出土"；伪造的玉称"老提油"，又称"油炸侩"；经过改造的玉，称"旧玉"；改造后再加工雕刻的，称"古玉后雕"。

[解析]

民国时期的古玩收藏界往往赋予古玉各种名称，这是当时品玩古玉的一大特色。作者在书中首段即介绍了古玉称谓的各种行话，如传世玉、出土玉和伪造玉，一下子拉近了与读者的距离，也为下文出现的古玉名称提前作交代。其中，地下出土的古玉称出土品或考古品，未曾入土的玉器皆称传世品。

玉之性

玉入土者，性喜燥，不喜湿。土湿则易烂，色亦黯淡无光。南方出土之玉，不多见者，皆腐烂，多不完整，而色又不足惊人故也。南方三代之物，固所少见，即六朝①之物，亦寥寥无几。即偶尔遇之，求其色泽鲜明，体质完整者鲜矣。

[注释]

①六朝：一般把中国历史上三国至隋朝的南方六个朝代统称为六朝，包括三国时的吴、东晋、南朝宋、南朝齐、南朝梁、南朝陈。

[译文]

玉器埋在地下，喜干燥环境，不喜潮湿。若土壤湿润则玉器容易被腐

龙凤纹玉佩　六朝　南京邓府山出土

蚀，色泽暗淡无光。因此南方之地出土玉器很少，皆为腐蚀的缘故，多有不完整之器，色泽也并不光润，不足以引人注意。南方地区夏商周时期的玉器，极为罕见，即使是六朝玉器，也寥寥无几。即使偶尔出土几件，色泽鲜明且完整无缺者，微乎其微。

[解析]

　　作者在这一段中介绍了玉器的习性，并认为南方地区因为土壤潮湿，古玉不易保存。这个看法有一定道理，但并不客观全面。近六十年来的考古发现表明，南方地区的古玉出土数量众多，如江浙一带新石器时期的良渚古玉、凌家滩古玉，江西大洋洲的商代古玉，四川的三星堆玉器，广州南越王墓的汉玉，均有完整保存者，而六朝的玉器基本集中在南京地区。古玉的保存与地下环境有一定关系，但决定性的因素还是玉石本身的质地和结构。

玉之品

　　玉有干老鲜嫩之分，又有粗疏细腻之别，此皆由产玉之地质，与

玉牛　西周　山西晋侯墓出土

玉熊　汉代　陕西咸阳渭陵出土

出土之地点不同故也。若玉之美者，虽受色沁①极厚，而精光内蕴，厚重不迁，一望而知其如端人正士之正色不挠也。此不可不辨者也。

[注释]

①色沁：指玉器长期埋在地下，与水、土及其他物质相接触，从而在表面或肌理内部形成各种颜色的沁斑现象。

[译文]

玉器有干老、鲜嫩的不同，也有粗疏、细腻的区别。这都与产玉的地质状况及出土地点的不同有关。玉器中的精美者，虽然有严重的色沁，但内部却蕴涵着美丽的光泽，厚重典雅，一望便知如正人君子，英气由内而发，不折不挠。这不能不辨别清楚。

[解析]

作者在这一段中将玉器的优劣好坏归于产地的地质情况和出土地点，客观地指出了玉与出土环境息息相关的事实。同时，好的玉器如同英气内发的谦谦君子，这符合古人以玉喻德的传统审美观念。

玉之质

古玉形式,考之《古玉图》《考古图》等书,言之详矣。若论玉质,坚者如入燥地,虽万年亦不能朽烂如泥。陈原心《玉纪》云:凡玉在圭中五百年,体松,受沁千年,质似石膏,二千年形如枯骨,三千年烂如石灰,六千年不出世,则烂为泥,此乃臆断①之词,决不可信。余见出土之玉,有清初之物,入土不满三百年,亦受土沁②,但不能入骨;又见夏器,玉质完善,五色灿然,令人可爱,入土三千年之久,并未有烂如石灰者;又见石器时代所用之玉斧玉铲,虽属沙蚀土吃③,经数千年以上,而亦未有烂如泥者。即此足证原心所见之不广,抑或原心所见之玉,以鸡骨白色为烂如石灰,则更误矣。盖玉入土,年久即软,不软则色不能沁入。出土后,见风即硬,其或有朽烂之处,日久亦即坚硬,决无如泥之理。如在土中,化为泥者,即不能出土矣,此必然之理也。故玉质不坚,与出于海滨之地,及闽越之间者,不在此例。

[注释]

①臆断:根据主观的推测对事物进行判断。

②土沁:指玉器长期埋在地下,土中的矿物质侵蚀玉体本身,从而形成沁色、沁斑等。

③土吃:又称"土咬"或"土蚀",指玉器表面遭到土壤中的酸性物质侵蚀形成的凹坑。

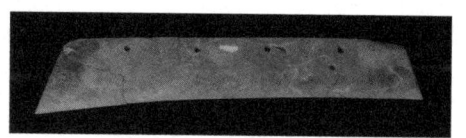

玉刀 新石器时期 甘肃古浪出土

玉盒　清代　北京密云乾隆皇子墓出土

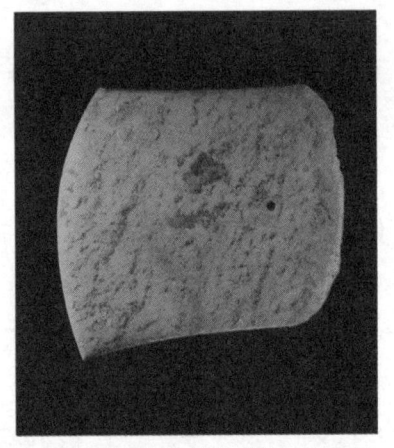

玉钺　新石器时期　浙江余杭反山12号墓出土

[译文]

　　古玉的形制，考查《古玉图》《考古图》等书，都有详细记录。谈到玉的质地，坚硬的玉石若埋入干燥的土壤，即便万年也不会腐烂成泥。陈原心在《玉纪》中说：玉在土中埋藏五百年，质地变松，受沁千年，就如石膏一样，二千年形如枯骨，三千年则烂如石灰，六千年再不出土，则腐烂为泥。这是主观臆断的言论，绝不可信。我见过出土的玉器，其中有清初器物，入土埋葬不满三百年，虽然受地下土沁，但并未渗入肌理；也见过夏代的玉器，玉质仍然完好如初，色泽光润，令人喜爱，埋入地下已达三千年之久，并没有烂如石灰；也见过新石器时期的玉斧、玉铲，虽然有沙土侵蚀，经历了数千年之久，也未曾腐烂如泥。这些例子足可证明陈原心的见识未广，或者他将见到的鸡骨白玉器认作烂如石灰，这是更加荒谬的错误。玉埋入地下，时间长了即慢慢质松，不软化色沁则不能形成。出土后，遇到风就能变硬，其中或有腐烂的地方，时间一长又变得坚硬，绝对不会出现烂如泥的情况。如果真在土中化为烂泥，也不可能出土了，这是必然的道理。玉质不坚硬以及出土于海滨之地，或者南方闽粤之地的情况，并不在讨论之列。

[解析]

关于玉的质地问题,作者在这一段中根据自己把玩观摩玉器的经验,批驳清道光年间玉器鉴定家陈原心在《玉纪》一书中的观点,并认为玉石长期埋在地下,会出现质松,有色沁的情况,但绝不会腐烂如泥,而且出土之后又会自然风化,变得坚硬。这个观点非常接近事实,体现了民国人对古玉的认知比起清代有了进步。

玉之色

玉有新旧之分,色有九种之别:曰璧①,则玄如澄水②;曰碧,则蓝如靛沫;曰瑾③,则青如鲜苔;曰瓐④,则绿如翠羽;曰玵⑤,则黄如蒸栗;曰琼⑥,则赤如丹砂;曰璃⑦,则紫如凝血;曰瑎⑧,则黑如墨光;曰瑳⑨,则白如割肪⑩;曰瑛⑪,则赤白斑花。此玉本色也。若入土之玉,年久受地气所蒸,无论与何色之物相邻,皆能沁入。因地中水银,到处流动,引物与玉镕于一炉,故玉之受色沁者,不止九种。每至十余种不等,直同窑变⑫,令人莫名其妙。并

各色玉人　战国　河北中山王墓出土

勾连云纹青黄玉杯 西汉 徐州狮子山楚王陵出土

四喜螭龙纹白玉挂件 明代 南京博物院藏

玉环 商代晚期至西周早期 四川金沙遗址出土

且气味亦能沁入，若尸水所沁，即带臭气；咸水所沁，即带腥气；土沁者多土锈气；铜沁者多铜臭气。故非用开水煮之，或灰提油法⑬，不易退其腥臭之气。惟铜沁不宜用开水煮之，之法，此不可不知也。

[注释]

①瑿（yī）：黑色的美石。

②澄水：清澈而平静无波的水。

③瑒（yè）：古同"烨"，日光，火光，光辉灿烂。

④璷（lú）：碧玉。

⑤玵（án）：美玉。

⑥琼：美玉。

⑦璊（mén）：赤玉。

⑧瑎（xié）：似玉的黑石。

⑨瑳（cuō）：白玉。

⑩割肪：切开的脂肪，喻颜色和质地白润细腻。

⑪瑌（ruǎn）：古同"碝"，像玉的美石。

⑫窑变：指瓷器在烧造过程中，由于窑内含有多种呈色元素，经氧化或

还原作用,出窑后呈现出意外的釉色效果,可谓变化莫测,独一无二。

⑬灰提油法:一种玉器的消毒除臭法,详见下文的"灰提油法"条目。

[译文]

玉有新玉、旧玉区分,颜色共有九种:称为"黳",则黑如一泓静水;称为"碧",则蓝如染料靛沫;称为"瑾",则青绿如新鲜的苔藓;称为"瓐",则绿如翠鸟的羽毛;称为"玵",则黄如蒸熟的栗子;称为"琼",则红如丹砂;称为"璃",则紫如凝固的血液;称为"楷",则黑如光亮的墨;称为"瑳",则洁白如切开的脂肪;称为"瑛",则有红白相间的斑花。这是玉的本色。埋入地下的玉,时间长了受到地气所蒸,无论与何种颜色的器物相邻,其色都能沁入玉中。因地下有水银,到处流动,能将玉与其他物熔于一炉,所以玉受到的沁色不止这九种,甚至多到十多种,就像陶瓷烧造过程中产生的窑变,令人惊叹其妙。并且地下的气味亦能沁入玉的肌理,如果是尸水沁入,就会带臭味;咸水沁入,就会带腥味;土沁的多带有土锈气;铜沁的多带有铜臭气。若不用开水煮,或灰提油法,很难将这种腥臭的味道去除。但铜气沁入的玉器不能用开水煮,这个方法,不能不知道啊。

[解析]

众所皆知,地下的埋藏环境对玉质的影响巨大,玉器色泽、气味常因此产生显著的变化。作者在这一段中对玉器受外界影响而产生的各类色沁及味沁进行了详细的介绍,并将颜色缤纷的色沁与瓷器烧造中的"窑变"现象联系起来,加深了读者对此的理解。

玉 皮

三代之器,无论大小,未见有带玉皮①者;秦汉六朝之器,亦不多见;唐以后即时常有之,人皆不以为贵,到清乾嘉以来把玩之玉,

双虎纹玉佩　元代　北京故宫博物院藏　　玉鳖　商代晚期　河南安阳小屯出土

专尚玉皮。将来千百年出土后，或有以玉皮为色沁者，抑未可知也。

[注释]

①玉皮：未加工玉料外部的一层天然石质包裹物。

[译文]

　　夏商周的玉器，无论大小，未见到过带有玉皮的；秦汉六朝的玉器，也不多见玉皮；唐代以后的玉器常常有玉皮，当时人们都不以此为贵，直到清代乾隆嘉庆以来人们把玩玉器，才开始崇尚玉皮。将来千百年后玉器出土，或有人认为玉皮是色沁造成的，这也有可能。

[解析]

　　玉皮属玉石的自然呈色，但它与内部的玉质呈色不同，有时会被玉工保留下来雕琢纹饰。巧用玉皮进行雕刻的工艺称为"巧雕"或"俏雕"，所见最早的实物为安阳商代的玉鳖。因此，作者认为早期古玉没有玉皮的说法是偏颇的。玉皮的产生与时代远近没有必然的关系，而与玉质本身及埋藏环境有关。

玉之出产

玉性属金，多产于西方，以和阗①、叶尔羌②二处为最上，精光内蕴，体如凝脂，其坚洁细腻，厚重温润，佩之可以养性怡情，驱邪辟瘟，有益于人身者，美不胜数。水底所产者，名曰子儿玉③，则尤足贵重，若宝盖玉④次之。尤有异品，曰天智玉，入火不热，昔殷纣自焚，曾以玉五千裹其身，他玉皆化为石灰，独天智玉五仍旧毫无所损，故武王取而宝之，以其为希世之珍。至蓝田⑤荆山⑥所产者，虽极美，而所产者少。又有于阗之三河，东有白玉河，西有绿玉河，又西有乌玉河，以及新疆峭壁峻崖之石，亦多产玉。又有莎车⑦之玉河，昆仑山下各河，青海及南山之间，皆产玉。若西南阿丹、巴勒布⑧两处所产，质同翠石。翡翠⑨出于缅、滇，其形似玉，实非玉也，有光浮于外，带有石锈者，人每目为色沁，则大谬矣。此不可不辨者也。

[注释]

①和阗：即"和田"，新疆维吾尔自治区最南端地区，南依昆仑山脉，北临塔里木盆地，蕴藏着丰富的玉石矿产资源，是我国古代著名的产玉之地。

②叶尔羌：叶尔羌山又称密尔岱山，是昆仑山系中的产玉之地。昆仑山为中国著名产玉区，叶尔羌河源出昆仑，夏季汛期会将昆仑美玉冲至下游，被称玉河。

③子儿玉：即"籽玉"，昆仑山上的玉料风化剥落后，坠入河中，经河水常年浸润磨蚀，形成的一种鹅卵状的玉，产出稀少，品尤珍贵，又名"水玉"。

④宝盖玉：即山料、山玉，产于山上的原生矿。清陈性《玉纪》中提

缅甸北部地区所产的翡翠原料

新疆和田产透闪玉籽料

到:"产山上者,名宝盖玉,次之。"

⑤蓝田:位于秦岭北麓,今陕西蓝田县,盛产美玉,称"蓝田玉"。

⑥荆山:今湖北南漳县,盛产美玉。《韩非子》中记载春秋楚国人卞和在荆山得一玉璞,几次献璧还被楚王砍掉左右脚的故事,此地因而闻名。

⑦莎车:新疆维吾尔自治区喀什地区的一个县。

⑧阿丹、巴勒布:喜马拉雅山南麓的小国。刘大同的这条材料引自清代陈性的《玉纪》。

⑨翡翠:英文名称 jadeite,属辉石类玉器,主要成分为钠和铝的硅酸盐,玉器中之"硬玉",莫氏硬度在6—7之间,颜色呈翠绿色(称之翠)或红色(称之翡)。与之相对应的是"软玉",即以和田玉为主的中国古代玉器,属透闪石—阳起石的闪石类系列矿物,莫氏硬度在6—6.5之间。

[译文]

玉属金,多出产于西方,以新疆和阗、叶尔羌两处最负盛名。玉内含精气,外如凝脂,质地坚硬细腻光洁,厚重温润,佩戴可以怡情养性,祛邪避瘟,对人体有益,好处不尽。水里产的玉,名为"子儿玉",尤其珍贵,产于山上的"宝盖玉"稍微差些。其中还有一种奇异品种,叫"天智玉",入火不热,昔日商纣王自焚时,曾用五千枚玉包裹身体,其他各种玉都化为石灰,唯独天智玉毫发未伤。所以周武王得到它们之后,视为稀世珍宝。陕西蓝田、湖北荆山所产的玉,虽十分精美,但产量微少。新疆于阗地区有三条产玉之河,即东部白玉河,西部绿玉河,绿玉河以西的乌玉河,以及新疆峻崖峭壁上也多产玉。又有莎车的玉河,昆仑山下的多条河流,青海及南山之间,均产玉。西南的阿丹、巴勒布两处所产的玉,质地与翠绿色的石头相同。缅甸、云南出产的翡翠,外形与玉相似,但并不是玉。其光亮浮于表面,带有石锈,人们把它看成是色沁,大错特错。这不能不辨别清楚。

[解析]

玉的质地与品种往往与产地密切相关,作者在这一段中讲述各类玉料的产地和分布情况,着重介绍新疆和田地区的水玉料和山玉料,产玉的各条河流,这是出产中国古代玉料最重要的区域。也介绍了陕西蓝田、湖北荆山的玉料情况以及云南、缅甸的翡翠与玉的不同。

玉分出土地点

古玉出土者,以陕甘为最多而最上,冀鲁豫晋,以及皖北徐扬等处,次之,他省皆自邻以下①。每见三代古物,其出土文理棱角皆完好无缺者,多出自西北,是因其土燥而玉性之不能移也。江北数省,土干而不燥,年久每有瘢点②之痕,故次于西北。他省地多湿气,所出古玉,花纹字迹,往往漫漶③而不清晰,且少完整之器,故不足重也。按出土之玉,皆因土性为转移。出自沙土地者,多瘢痕;出自咸卤地者,多腐烂;出自河淤地者,多浮光;出自山岭地者,多干洁;出自五金矿地者,多受矿质沁染,而不纯净;出自海滩者,则色皆混浊,而体无完肤。此不可不辨也。

[注释]

①自郐(kuài)以下:吴国的季札在鲁国看周代的乐舞,对各诸侯国的乐曲都有评论,但从郐国以下他就没有再发表意见。比喻从某某以下就

龙凤纹玉璧　西汉　广州南越王墓出土

鹿形玉佩　西周　陕西宝鸡茹家庄1号墓出土

玉箍形器　新石器时期　辽宁牛河梁遗址出土

不值得评论。

②瘢（bān）：同"斑"。

③漫漶：指字迹模糊不可辨别。

[译文]

　　古玉的出土地点，以陕西、甘肃为最多且最好，其次为河北、山东、河南、山西及安徽北部、徐州、扬州等地，其他地区都不值得一谈。每次看到出土的夏商周三代古玉，完好无缺的，多出自西北地区，因为那里土壤干燥，玉性不会发生改变。长江以北的数省，土壤干而不燥，埋藏时间长了会有斑点，因此比西北出土的玉器稍次。其他省份地区土壤多潮湿，出土的古玉，上边的花纹痕迹，往往漫漶不清晰，且很少有完整器物，因此并不受人重视。附：出土的古玉都因埋藏土壤的性质而影响自身肌理。出土在沙土地的古玉，多斑痕；出土在咸卤地的古玉，多被腐蚀；出土在河底淤泥中的玉，表面多有浮光；出土在山岭地带的古玉，多干洁；出土在五金矿地里的古玉，多受到矿质的沁染而不够纯净；出土在海滩边的古玉，颜色多混浊且表面不光滑。这些不能不搞清楚。

[解析]

这一段详细讲述了古玉的出土地点、土壤环境与其性能特征、保存状况之间的关系。古玉在干燥土壤环境下的确能保存相对完好，但也不能一概而论，地区差异是大环境，还要看玉器出土时的墓葬小环境。考古证明，南方地区也有保存完好的古玉出土，如江浙新石器时期的良渚文化、广州的西汉南越王墓、南京地区的六朝古玉。

受色沁之古玉

凡古玉出土，受色沁者，品类綦①多。有不受色沁，而亦不受土蚀，形似传世古者，此玉之最坚者也，颇不易得。又有身多土锈，而无他色沁者，琀玉②最少。琀玉受一色沁者，名曰纯一不杂；受两色沁者，名曰黑白分明，又曰天玄地黄③；受三色沁者，名曰三光照耀，俗名三元及第④，广东南洋，名曰桃园结义⑤；受四色沁者，名曰四维⑥生辉，又名福禄寿喜；受五色沁者，名曰五星聚魁⑦，又曰五福呈祥，通称之为清五采；受群色沁者，多至十五六色不等，名曰群仙上寿，又曰万福攸同⑧，通称之为混五采。余家存一旧玉药壶，黄玉质，两面刻八骏，刀工精深，受沁十余色，马色各不相同，至铁莲青，桃花红，雪白，栗黄各色，尤鲜妍，为世所罕见，真巧沁⑨也。又存一古玉蝉，白玉质，沁有四色，物小而精，亦系巧沁，均被抄没。

[注释]

①綦（qí）：很，极，表示程度的副词。

②琀玉：作者这里将墓葬中出土的随葬玉器泛称为"琀玉"。

③天玄地黄：指天地颜色，玄为天色，黄为地色，出自《易经》："夫

玉布袋和尚　清代　美国华盛顿赛克勒博物馆藏

玄黄者天地之杂也，天玄而地黄。"这里指两种分明的颜色。

④三元及第：指科举时代乡试、会试、殿试均为第一名。

⑤桃园结义：《三国演义》中的著名故事，刘备、关羽和张飞三人在桃园内对天盟誓，举酒结义。

⑥四维：风水八卦中分四维四隅，四维分别是西北、西南、东南、东北方向。

⑦五星聚魁：即五星聚奎，水星、金星、火星、木星与土星五大行星排列为近乎直线的奇特天文现象，又称五星联珠。五星聚奎是中国干支历法的开端，亦是圣主即位的时刻，在古代被视为祥瑞之兆。

⑧万福攸同：祝祷用词，多福之意。出自《诗·小雅·蓼萧》："和鸾雝雝，万福攸同。"

⑨巧沁：又可称为"俏沁"。玉工能根据不同色沁巧妙雕琢，使沁色与要表现的图案、主题融为一体，增添艺术感染力。这里作者想要表达的是古玉在地下受到各种自然色沁，增添了玉器的艺术性。

双螭龙纹玉杯　元代　北京故宫博物院藏　　玉带钩　西汉　江苏徐州小龟山汉墓出土

[译文]

　　凡是出土的古玉，其色沁的品类繁多。当然有不受色沁，也不受土蚀，出土后像传世古玉一样光洁的，这是玉中最坚硬致密的一种，并不多见。也有只有土锈，并无其他色沁的出土玉，其中珰玉最少。珰玉中有一种色沁的，称"纯一不杂"；有两种色沁的，称"黑白分明"，又称"天玄地黄"；有三种色沁的，称"三光照耀"，俗称"三元及第"，广东南洋一带则称"桃园结义"；有四种色沁的，称"四维生辉"，又称"福禄寿喜"；有五种色沁的，称"五星聚魁"，又称"五福呈祥"，通称"清五采"；有多种色沁，达十五六种的，称"群仙上寿"，又称"万福攸同"，通称"混五采"。我家曾收藏有一件古玉药壶，黄玉质，壶体两面雕刻八匹骏马，刻工精妙深沉，共有十多种颜色的沁，每匹马颜色各不同，铁莲青、桃花红、雪白、栗黄各色，尤其鲜妍欲滴，世所罕见，真正的巧沁啊。又曾有一枚古玉蝉，白玉，四色沁，器体小巧精致，也属于巧沁，但均被官府抄家时没收了。

[解析]

　　色沁是玉器长期埋在地下，与水、土及其他物质相接触，从而在表面或肌理内部形成的各种沁色现象。作者在这一段中根据受沁颜色数目的多少，分别定名，用语生动通俗并赋予十分讨巧的吉祥寓意，从中可以看到民国时期人们对各类色沁古玉的称呼和认识。同时，作者也介绍了自己的几件巧沁玉藏品。

色沁各种名称

受黄土沁者，色如甘栗，名曰珩黄。受松香沁者，色如蜜蜡①，名曰老珩黄。受靛青②沁者，色如天青，名曰珩青，此系青衣之色，传染沁入玉理者，深如蓝宝石者，名曰老珩青。受石灰沁轻者，色红艳如碧桃，名曰孩儿面，复原时，直同碧霞玺③。受水银沁者，其色黑，名曰纯漆黑，此非地中水银所沁，乃古代殓尸之大坑水银沁入，方有漆色。受血沁者，其色赤，名曰枣皮红，深者名曰酱紫斑，此乃近皮之物也。或云血不能沁玉，以人死血枯竭无生气，必因地气所蒸，与他物混合为一，方能沁入玉内作深紫色，此一说也。受铜沁者，色如翠石，名曰鹦哥羽。铜器入土，年未久即生青绿色，年久则尤甚。玉与之邻，为其传染沁入，复原时，比翠石而更娇润，但用热水洗之，含有铜臭气耳。此外杂色尤多。红有鹤顶红，人参朵，朱砂片，燕支斑，鸡血红；黑有乌云片，淡墨光，黑漆古，金貂须，美人髻；紫有茄皮紫，玫瑰紫，羊肝紫，紫檀紫，灵芝紫；青有铁莲青，竹叶青，虾子青，熊胆青；绿有松花绿，苹果绿，蕉芽绿，瓜皮绿，鹦鹉绿；黄有蜜腊黄，米色黄，鸡蛋黄，秋葵黄，栗色黄，老酒黄，黄花黄，黄杨黄；白有鸡骨白，象牙白，鱼骨白，糙米白，鱼肚白，梨花白，雪花白。又有梨皮，橘皮，象皮，骆驼皮，黑蚓迹，鱼子斑，鱼脑冻，蚂蚁脚，鹅眉黛，牛毛纹，鹧鸪斑，蛤蟆皮，荔枝核，冬瓜瓤，烂豆豉，石榴子，碎瓷纹，槟榔纹，洒珠点，古铜色，细罗纹，银灰色，瓦灰色，冰糖块，雨过天青，梅花数点，长虹贯日，太白经天，金星绕月，玉带缠腰，红日东升，秋葵西向，孤雁宿滩，苍龙浴海，桃花流水，银湾浮萍等名。受沁之原，不易深究，足见地气化生万物，奇奇怪怪，

  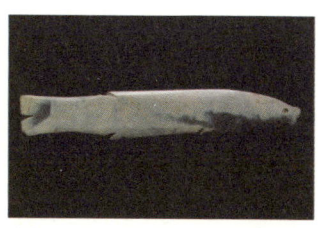

龙形玉环　东汉　江苏扬州邗江甘泉老虎墩墓出土　　双螭耳玉杯　明代　江苏江宁沐睿墓出土　　鱼形玉佩　西周　北京房山琉璃河燕国墓地出土

变化之无穷也。但论色沁，无论何色，以透为贵，次则巧沁，虽薄如玉皮，轻如蝉翼，亦有逸趣。余昔存有巧沁大件九品，小件二十五品，其奇形怪状，真令人梦想不到。至《稗史类编》[④]云：出土之玉，血古尸古为最贵，黑漆古土古为价低，今人又重铜绿沁，均未深知古玉受沁之由来也。

[注释]

①蜜蜡：树木脂液化石，一种有机矿物，与琥珀同类，但成矿年份比琥珀长久，颜色为黄色。

②靛青：深蓝色有机染料，用蓼蓝叶发酵制成，用来染布，颜色经久不退，有的地方称"靛蓝"。

③碧霞玺：亦作"碧鸦犀""碧牙西"。一种宝石名，质如水晶，透明，有红、黄、紫各色，如同碧霞。

④《稗史类编》：明嘉靖进士王圻撰写的一部记载民间逸闻琐事的书。

[译文]

受到黄土渗透的玉，颜色如同甘栗，称"甜黄"。受到松香渗透的玉，颜色如同蜜蜡，称"老甜黄"。受到靛青渗透的玉，为天青色，称"甜青"，类似青色衣服的颜色，如果靛青渗透到玉质肌理内，颜色深如蓝宝石，则称"老甜青"。受到石灰渗透的玉，颜色红艳似碧桃花，称"孩儿面"，经过处理后，宛如宝石碧霞玺。受到水银渗透的玉，呈黑色，称"纯漆黑"，它并不是受地下水银渗透，而是古代墓葬尸坑中的水银渗透，才会产生黑漆色。受到人血渗透的玉，呈红色，称"枣皮红"，颜色深的称"酱紫斑"，乃是接近人的皮肤所致。有人说人血不能渗透玉，因为人死后血脉停止流动，毫无生气，必定是因为地下水汽蒸发，与其他物质混和，才能渗透到玉质内，呈现深紫色，这也是一种说法。受到铜锈渗透的玉，色泽宛如翠石，称"鹦哥羽"。铜器埋入地下，不久即生青绿铜锈，时间愈久，铜锈愈多。玉与铜器相邻，受其铜绿锈侵蚀，处理后，颜色比翠石更加娇绿欲滴，但用热水冲洗，会闻到铜臭气味。此外，玉的色沁还有很多。红色有鹤顶红、人参朵、朱砂片、燕支斑、鸡血红；黑色有乌云片、淡墨光、黑漆古、金貂须、美人鬓；紫色有茄皮紫、玫瑰紫、羊肝紫、紫檀紫、灵芝紫；青色有铁莲青、竹叶青、虾子青、熊胆青；绿色有松花绿、苹果绿、蕉芽绿、瓜皮绿、鹦鹉绿；黄色有蜜蜡黄、米色黄、鸡蛋黄、秋葵黄、栗色黄、老酒黄、黄花黄、黄杨黄；白色有鸡骨白、象牙白、鱼骨白、糙米白、鱼肚白、梨花白、雪花白。（色沁的形状）还有各种名称，如梨皮、橘皮、象皮、骆驼皮、黑蚓迹、鱼子斑、鱼脑冻、蚂蚁脚、鹅眉黛、牛毛纹、鹧鸪斑、蛤蟆皮、荔枝核、冬瓜瓤、烂豆豉、石榴子、碎瓷纹、槟榔纹、洒珠点、古铜色、细罗纹、银灰色、瓦灰色、冰糖块、雨过天青、梅花数点、长虹贯日、太白经天、金星绕月、玉带缠腰、红日东升、秋葵西向、孤雁宿滩、苍龙浴海、桃花流水、银湾浮萍等。玉器受沁呈现各种颜色的原因，很难探究清楚，因为地气可以化生为万物，奇奇怪怪，变化无穷。但要讨论色沁的品质，无论哪种呈色，最重要的是沁色的净透，其次是沁色的巧妙，即便薄如玉皮，轻如蝉翼的色沁，仍然逸趣盎然。我曾经收藏巧沁玉，九件大品，二十五件小品，其色沁奇形怪状，真是令人做梦也想象不到。至于《稗史类编》说的出土的玉器中，以血古、尸古最为珍贵，黑漆古、土古价格低廉，现在的人又开始重视铜绿沁，他们都没有深入了解玉器受沁的原因所在。

[解析]

　　玉器在地下埋藏环境中，受周遭各类物质，如土壤、矿物、埋葬器物（铜器），甚至是尸血的侵入，从而产生各色各式的沁。沁的存在使得古玉的把玩意趣横生，也相应有很多学问，作者在这一段中将各类色沁冠以生动形象的名称，并对其成因、品质、呈色作出鉴别。

色沁小品之精

色沁之玉，大而精者，固不恒见；即小而精者，亦不易得。曾见郑君肯之，购一玉觚①，小如葡萄，满身雄黄沁，光如宝石，其刀工之精致，又非寻常可比，真可谓六朝巧雕之精品。稚樵侄得一玉蝉，小如扁豆粒，质白，色沁为铁莲青，刀工极细，视之栩栩欲飞，亦精品也。余昔得一碧玉佛，小如枣核，遍体鱼子斑，刀工亦甚圆浑，知非近世所能造，或云蒙古旧刻，虽未敢决定，但亦精矣。纪元十七年，在沪上见古冕旒②百余棵，每棵有二三色沁及四五色不等，古香异采，令人生羡，因索价过昂，不敢问鼎③。三代古物，如此小而且精，精而且多者，实所罕见。

[注释]

①觚（gū）：古代青铜饮酒器的形制，长身、细腰、喇叭形口和足。玉觚是用玉来仿制青铜觚的造型的器物。

②冕旒（miǎn liú）：古代帝王的礼冠和礼冠前后的玉串。

③问鼎：出自《左传·宣公三年》中"楚王问鼎"的典故。夏商周三代以九鼎为传国宝，问鼎指图谋夺取政权，这里作者借用比喻自己不敢妄想拥有。

[译文]

有色沁的玉器，大而精美的，总是很难见到；小而精巧的，也同样不易得到。曾见郑肯之购得一件玉觚，如葡萄般小巧，满身雄黄色沁，光泽如宝

古玉辨

五彩玉珠皮弁 明代 湖北钟祥梁庄王墓出土

玉蝉 西汉 江苏泗阳泗水王陵墓出土

玉罗汉 宋代 上海松江西林塔天宫出土

石，刀工精致，非比寻常，的确称得上是六朝的巧雕精品。侄子稚樵那儿有一件玉蝉，如扁豆粒大小，白玉质地，铁莲青沁，雕工极细巧，栩栩如生好像要飞起来，也是一件精品。我曾经收藏过一件碧玉佛像，如枣核般小巧，遍体鱼子斑沁，雕工浑圆，并不是近世的作品，有人说是元代的旧刻，我不敢肯定，但的确是件精品。1917 年我在上海看到古代礼冠上的玉串珠一百多颗，每颗都有二三到四五种色沁，古色古香，异彩缤纷，令人爱不释手，可惜索价太贵，不敢问鼎。夏商周三代的古玉，如此小且精美，数量又这么多，实在是难得一遇。

[解析]

　　继上一段介绍色沁的名称后，作者一一点评和回顾亲朋好友及自身收藏、接触过的小件色沁玉器，以此说明色沁美丽的精巧玉器十分难得，令收藏活动充满得失的乐趣。

五色沁之古玉

　　凡玉出土，沁以五色者为最上，三色四色者，次之，二色一色者，又次之。盖以地中五色不易产于一处，惟殉葬时，方能萃集五色于一穴，吾故曰非琀玉，不易受五色之沁也。况所见五色沁之古玉，多系妃嫔①所佩之物。故古玉之沁，首重五采耳。按五色沁，光怪陆离②，灿烂照人。有花纹者，千不一见，即未经雕琢者，亦殊可珍，较之受色沁少者，则远胜百倍。谚语云：玉得五色沁，胜得十万金，极言其可贵也。庚子变后，俄使赠余数百件，颇多佳者。但圭璧③琮璜等器，受两色三色沁者甚多，受五色沁者，仅一琮一笄④耳。以大内收藏之多尚不易获，其他可知矣。惜宁局被火，无一存者，言之神伤。幸家藏夏时之龙凤佩，未经损失，故至今佩之，而不肯去身也。顷又得一小琮，群色沁入，惜少刀工，但亦西周旧物，可珍也。

[注释]

①妃嫔：帝王的妾侍。妃，位次于后；嫔，位又次于妃。

②光怪陆离：这里形容色彩奇异斑斓。

③璧：《说文解字》中说"瑞玉圜也"，古代的一种玉器，扁平圆形，中间有孔。

④笄（jī）：古代的一种簪子，用来插住挽起的头发，或插住帽子。

[译文]

凡是出土的古玉，渗入五种色沁的玉最佳，渗入四种、三种色沁的玉稍差一些，只有两种或一种色沁的，又差一等。地下的五种色沁很难集中在一处，只有殉葬的时候，它们才有可能集中在同一个墓葬中。所以我说，除非琀玉，否则很难聚集五种色沁。况且我所见过的五色沁玉，多为古代妃嫔的佩玉。因此，古玉的色沁，五色最为贵重。五色沁，颜色光怪陆离，灿烂照人，带有花纹的，极为罕见。即使没有雕琢，也因特殊而珍贵，比起色沁少的玉器，要胜过百倍。有句谚语说：玉如果有五色沁，则胜过十万黄金，充分说明了它的珍贵。庚子事变（1900）之后，俄国大使赠送我一百多件玉器，其中有很多上乘之品，但圭、璧、琮、璜等玉器中，有二三色沁的居多，

凤形玉佩　战国　江苏无锡鸿山越墓出土　　玉璧　西汉　陕西西安市文物保护考古所藏　　玉珩　东晋　江苏南京仙鹤山2号墓出土

五色沁的，仅为一件玉琮和一件玉发笄。像皇宫内收藏那么多玉器，色沁尚且不多见，其他地方可想而知。可惜这些玉器在宁局火灾后没有一件幸存，每次提及这事我都黯然神伤。幸好家中收藏的夏代龙凤佩没有损伤，至今我都佩戴着，不肯离身。前不久又得到一件小玉琮，多种色沁渗入，可惜素面少纹饰，但因是西周古玉，仍是珍品。

[解析]

　　继续玉沁的话题，作者在这一段中结合自身收藏、品鉴古玉的经历，对色沁古玉中最珍贵的五色沁做了鉴赏说明，强调了五色沁的珍稀。同时，作者对古玉可遇不可求，求之又失之的黯然心情跃然笔间。

水银沁之古玉

　　水银沁，有地中之水银，有殉葬之水银。殉葬水银，有大坑小坑①之别。大坑水银，皆帝王列侯所用，其沁入之深厚与小坑不同。有一器而全体皆黑者，有一器而半身皆黑者。三代之物为最多，秦汉次之，两晋以后，即不多见矣。水银沁大则成片，小则成块，细则成线，皆因玉质坚与不坚而分，但色黝黑而有亮光，则一也。若地中水银所沁，有浅黄色牛毛纹者，有露白点冰片纹者，有在玉中

双龙形玉管　战国　江苏无锡鸿山越墓出土

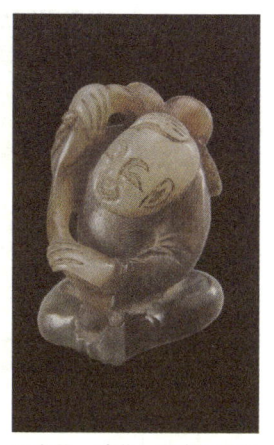

玉童子　清代　西安市文物保护考古所藏

而自行流动者，其色泽亮光，虽露有淡黑色，究与葬殉水银，迥不相同。常见古玉，黑白分明，一半大坑水银所沁，一半地中水银所沁。地中水银，轻如流水，故所沁者形似鱼脑冻②，人见之以为玉质之脑，非也。大坑水银所沁者即成黑漆古矣，况玉脑色与玉质无异。地中水银沁，则变为黄白，或微黑微青，皆因地气使然也，此不可不辨者也。幕友③韩翕如，赠余黄玉束发，形同宝石，含有水波淡白色，此即地中水银沁之一证也。人每以地中水银所沁，与殉葬水银所沁，混而为一，则更谬矣。

[注释]

①大坑小坑：坑，即墓葬。这里意指规模庞大的墓葬和一般的墓葬。

②鱼脑冻：石中或玉中类似受冻鱼脑的形状，感觉如天上的白云，吹之欲散，或松软如团絮，一触即会飘起。

③幕友：同为幕僚的朋友，意指同一职业或官署的朋友。

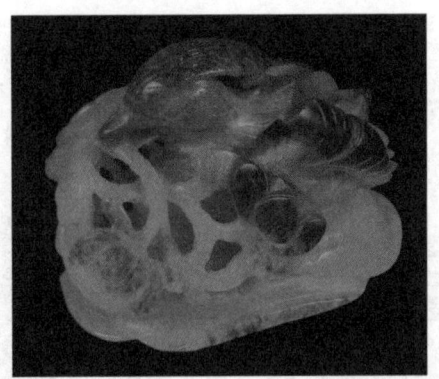

玉鸳鸯　明代　江西南城明益宣王朱翊钶墓出土

[译文]

　　玉器的水银沁，有地中水银渗入和殉葬水银渗入两种。殉葬水银，又分为大坑和小坑。大坑水银，均为帝王诸侯所用，色沁渗入的深厚程度与小坑不一样。有一器全身呈黑色的，有一器半身呈黑色的。夏商周三代的玉器受水银沁最多，秦汉稍微少一些，魏晋之后就不多见了。大面积的水银沁为片状，小的为块状，细的则如线条，这与玉质的坚硬与否密切相关，但颜色均黝黑且泛亮光，这则是统一的。若是受地中水银沁入，有浅黄色如牛毛纹的，有露白点如冰片纹的，有在玉中自由流动的，色泽光亮，虽然也有淡黑色，但与殉葬水银的沁色迥然不同。常见的古玉，黑白分明，一半是大坑水银渗入，一半是地中水银渗入。地中水银，轻如流水，所以色沁渗入后形态像鱼脑冻，人们还以为是玉质之脑，当然不是。大坑水银渗入后，即成黑漆古，何况玉脑的色泽与玉质本身没有差异。地中水银渗入后，则变为黄白色，或者微黑、微青，均是地下湿气导致，这不能不分辨清楚。同僚韩禽如，赠给我一件黄玉的束发之器，外形如同宝石，含有水波的淡白色泽，这就是地中水银渗入的证据。人们总是将地中水银沁与殉葬水银沁混为一谈，这就荒谬了。

[解析]

水银沁是清末民国玩家对古玉黑色沁的一种约定俗成的称谓，鉴别其性质是一门较深的学问。作者在这一段中详细介绍了水银沁的分类，并根据不同的特征将地中水银沁与殉葬水银沁区分开来，为古玉水银沁的鉴别提供了详细的参考意见。

水银沁之老嫩

三代古玉因入土年久，水银结成大片或大块，干老异常，非佩之数十年，不能透出清光①，一经盘②出，则黑如漆，明如镜，其耐人寻味，多有不可思议之处，如余所佩之碧玉琮是也。秦汉古玉，水银亦有结成大片，或大块者，其色鲜亮，特少干老之气，如余所佩之碧玉虎符③是也。两晋六朝之物，水银明溉，若有浮光，且成薄片者多，而深透者少，故易盘出，如余所存之黄玉宫门环，沁如纸薄，白玉袈裟圈④，沁如枣皮，白玉琮，满身牛毛纹者是也。清室亲贵，多佩此等旧玉。若唐宋之物，水银吸入未久，色易变动，其气质不厚，最易盘出，即脱胎后，亦乏古意，此不可不辨者也。

[注释]

①清光：清亮的光泽。

②盘：这里指盘玉，民间流传的一种赏玩古玉、养玉的方法，通过贴身佩戴，精心呵护，天长日久的盘玩，古玉逐渐蜕去粗糙的土壳，恢复往昔的灵性和光泽。作者在本书中有专门的章节谈到盘玉的概念和分类。

③虎符：古代军中印信。一般为铜质，虎形，左右两半，朝廷存右半，统帅持左半，做调动军队用。这里的碧玉虎符，应是用碧玉制成的类似虎符形制的小件玉雕或玉佩。

④袈裟圈：又称袈裟环，是垂挂在袈裟上的圈环，如玉环形制。

琮形玉佩　西周晚期
河南三门峡虢国墓地出土

虎形玉佩　商代晚期　山东滕州前掌大 120 号墓出土

扭丝纹玉环　西汉　南京博物院藏

[译文]

　　夏商周三代的玉器因埋入地下年代久远，水银渗入后结成大片、大块色沁，异常干涩老旧，不佩戴几十年，就不能露出清光。一旦盘出，则黝黑如漆，明亮如镜，其耐人寻味，多有不可思议的地方，我所佩戴的碧玉琮就是这样的例子。秦汉的古玉，水银沁也有聚集成大片或大块的，色泽鲜亮，很少又干又老，如我所佩戴的碧玉虎符一样。两晋六朝的玉器，水银沁明亮晃动，似有浮光，结成薄片的比较多，深入渗透的比较少，所以很容易盘出，正如我收藏的黄玉官门环，色沁如纸一般薄，又如白玉袈裟圈，色沁如枣皮，又如白玉琮，满身牛毛纹。清代的皇室贵族，多佩戴这样的旧玉。若是唐宋古玉，水银沁渗入时间不久，色沁容易变动，沁质不厚，最容易盘出，所沁水银脱胎后，缺乏古意，这不能不辨别清楚。

[解析]

　　承接上述水银沁的基本分类和形成原理，作者在这一段中根据自己收藏的水银沁古玉以及丰富的盘水银沁经验，讲述了不同时代水银沁的特点。

受地火之古玉

　　玉受地火者，皆变为白色，俗称为石灰沁，即今所谓鸡骨白、

人兽形玉饰　新石器时期　江苏昆山赵陵山墓出土　　羊纽玉印　西汉　江苏盱眙东阳3号墓出土　　玉琮　新石器时期　江苏武进寺墩3号墓出土

象牙白者是也。按鸡骨白，为白玉质，象牙白，为黄玉质，犹有淡青者，为鱼骨白，其质乃青玉也。以地中无天然之石灰，而有自然之地火，凡玉经火，其色即变为白，形同石灰，犹之石见火，黑者赤者亦变为白，而白者乃更白，故俗名之曰石灰沁也。玉为石之精，故其性无殊，今见人之移冢者，开坟后木棺被地火焚毁，往往有之，即此足见玉受地火亦然。或云，筑坟修墓，所用砖瓦石块，必须石灰灌浆，方能结成一片，是古墓中必有石灰，故名为石灰沁，此说亦似近理，但不如地火之说为可据也。盖以石灰沁，玉变红色，与受地火之玉，色皆变白者不同，故不得袭谬沿讹，通名之曰石灰沁也。余佩一印，文曰气象万千，白玉质，水银沁过半，佩于腰间，已二十余年。一日失落，不知所在，次晨童子扫炉灰，见在灰中，已变为鸡骨白矣，可见地火与炉火相同又乌足疑焉，再征①之前在宁局被焚之古玉，其色皆变为石灰，大者皆碎，零星小件，尚有被局役捡去者，其所沁之黑者、青者、黄者，均成石灰色，亦不过深浅不同耳，此尤足据也。

[注释]

①征：证明，证验。

[译文]

玉器受到地火，均变为白色，俗称为"石灰沁"，也就是今人所说的"鸡骨白""象牙白"。鸡骨白是白玉质地，象牙白为黄玉质地，还有淡青色的鱼骨白，则是青玉质地。地下没有天然的石灰，而有自燃的地火。玉只要经历地火，颜色就变为白色，形如石灰，就像石块受到火烤一样，无论黑色还是红色，均变为白色，如果本身是白色则显得更白，所以俗称"石灰沁"。玉是石的精华，其性能与石没有多大差异。现在人们迁移墓冢，坟墓打开后发现木棺往往被地火焚毁，这足以说明地下的玉同样会经历地火。有的人说，筑造坟墓用的是砖瓦石块，必须用石灰灌浆，才能结成一片，因此古墓中必然有石灰存在，所以叫做"石灰沁"。这种说法似乎接近情理，但不如地火之说可靠。这是因为，玉若受石灰侵蚀，会变成红色，而受地火侵蚀，则变成白色，两者完全不同。因此不能沿袭谬论论说，统称为"石灰沁"。我有一方玉印，印文为"气象万千"，白玉质地，大半部受水银沁，佩戴在腰间已经二十多年，有一天不慎遗失，不知在何处。第二天一早童仆扫炉灰，发现玉印掉在炉灰中，颜色已变成鸡骨白。可见地火与炉火相同，玉受地火侵蚀形成石灰沁，这点毋庸置疑。以前讲到的在宁局被焚烧的古玉，颜色全变成石灰色，大一点的都碎了，只剩一些零星小件，被局里的工作人员捡去，这些玉器原先有黑色、青色、黄色沁，都变成了石灰色，只不过颜色深浅不同，这些都是充足的证据。

[解析]

作者在这一段中讲述了古玉中所谓石灰沁的成因和特点，认为玉器受到地火，从而形成鸡骨白的石灰沁。目前考古发现江浙一带的良渚文化鸡骨白玉、吴越地区的鸡骨白玉，其成因与本身的玉质及周边土壤环境相关，是否与地火有关有待进一步研究。

古玉出土之变相

玉出土，有形如瓷片者，有形如瓦片者，有形如石灰者，有形如枯骨者，有形如兽角兽牙者，有色如木炭者，有色如生姜者，有色如烂酱者，有色如鲜枣者，有半露质地者，有微露质地者，有不露质地者，有带玻璃光①者，有遍体不露玻璃光者。此种形形色色，愈古愈怪，真令人难测。嗜古者，当格外留心，切不可因其形色而忽之。诚以斑绣深厚，年愈久而形色愈黯，一经盘出，各种色沁，毕露其精采，有匪夷所思之妙。露质地者，固佳，不露质地者，其古香异采，尤为奇绝，此不可不知者也。

[注释]

①玻璃光：古玉中一种特有的光泽，光可鉴人，如玻璃般炫目。具有玻璃光的玉器，玉质和雕工都十分精湛，多为战国或汉代玉器。

[译文]

玉器出土时，形状有的像陶瓷碎片，有的像陶瓦碎片，有的像石灰，有的像枯朽的骨头，有的像兽角或兽牙；颜色有的像木炭，有的像生姜，有的像稀烂的酱，有的像鲜艳的枣子；有的半露质地，有的微露质地，有的不露质地，有的带玻璃光，有的浑身看不到一点玻璃光。总之形形色色，年代越是久远越古怪，令人难以猜测。酷爱古玉的人，需要格外留心，千万不要因为它们外在的形状或颜色而疏忽判断。古玉中锈斑深厚，年代越久色泽越黯，一旦盘出，各种色沁才开始显露它们的精彩，有着匪夷所思的奇妙。露出质地的玉器固然很好，但不露质地的玉器，它的古色韵味，异常光彩，更加绝妙，这一点不可不知道。

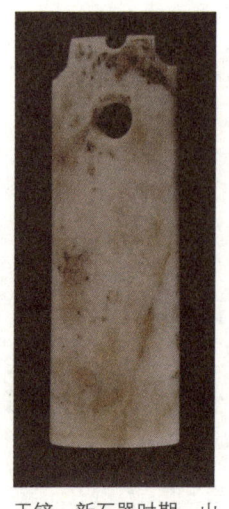

玉铲 新石器时期 山东省文物考古研究所藏

玉天禄 东汉 南京博物院藏

[解析]

　　作者在这一段中着重强调古玉出土时，形态各异，颜色不一，令人捉摸不定，告诫人们切不可被外在的形形色色蒙蔽，有碍判断。好的古玉只要经过盘摩，都能大放异彩。

香　玉

　　古玉出土，含有香气者，世不恒见。余昔存一玉璧①，白色方形，长二寸②六分，方五分，云雷花纹极精深。余佩之有年，因调查国界，渡松花二道江③，乘独木卫护，将登岸，跳板一跃而下，不觉系玉之绳坠断，将璧落于水边，旋令随从护兵十余人，入水寻觅，终不能获。今三十余年矣，每一念及，为之怅怅④，因香玉之不易得故也。按此种玉入土时，必邻于奇南⑤，或松香⑥樟脑⑦檀香⑧沉香⑨等物所结而成，有谓系受地中硫磺所沁，亦未可知，但非用手把玩，至玉不凉时，其香气不出也。

[注释]

①瓅(lè)：一种玉器的名称，中空，管状或长方状，表面可雕刻纹饰，用作佩戴。

②寸：古代的度量单位，一寸有十分，十寸为一尺，一寸相当于今天的三点三三厘米。

③松花二道江：黑龙江省内松花江的北源二道江，发源于长白山。

④怅怅：失意、失落的感觉。

⑤奇南：又名伽南、奇楠，是近根部含树脂较多的木材，其老茎受伤后所积得的树脂，俗称沉香。

⑥松香：松树的含油树脂蒸去了易挥发的松节油后的透明固体物质，有松树香味。

⑦樟脑：一种从樟树枝叶中提取的物质，无色透明，有清凉香味。

⑧檀香：香木名，木材极香，可制器物，亦可入药，寺庙中用以燃烧祀佛。

⑨沉香：亚热带常绿乔木名。树干高大，木质坚硬，有香味，可做细工用材及熏香料。

[译文]

古玉出土时，含有香气的，世间并不常见。我曾收藏一件玉瓅，白色，方形，长二寸六分，宽五分，雕刻了精美的云雷花纹。我佩戴多年，一次因调查国界，渡松花二道江，乘独木护卫船只，即将登岸下船的时候，从跳板上一跃而下，不料系玉的绳子断裂，玉瓅坠落水中，我立即命令随从、护兵十多人，到河中寻觅，最终还是没能找到。这事至今已三十多年了，每次想起，仍怅然失意，因为含有香气的古玉不容易获得啊。附：这种玉埋在地下时，必定靠近奇南香木，或是松香、樟脑、檀香、沉香等物沁染之而结核形

玉管　春秋晚期　山西太原赵卿墓出土　　竹节形琥珀瓶　辽代　香港梦蝶轩藏

成；有人说是地下硫磺侵蚀所致，这种说法是否正确，也不可知。但这种香玉一定要用手把玩，温润发热后，才会飘散出香气。

[解析]

作者在这段文字中根据自身的收藏经验，介绍了一种特殊的出土古玉——香玉，并简单讲述了其香气的成因和出现的条件。事实上，玉器是不会有香味的，作者所说的"香玉"应指"琥珀"。琥珀是古代的松柏树脂埋藏在地层中，经过漫长的地质作用而形成的树脂化石，受热后有怡人的幽香。

温凉玉

泰山老母宫[①]，藏旧玉一枚，长约一尺五六寸，阔约六寸余，其样式尖圆形，一半白，一半黑，黑者温，白者凉，人皆异之。余以为此玉入土时，一半插入水中，一半浮于水面。年久出土，其在

玉戈　西周　河南三门峡虢
国梁姬墓出土

水中者，必凉，见日光者，必温，因水气日光，一凉一温之性所结而成，犹之石置盆中，在水中者凉，见日光者温，其理一也。

[注释]

①泰山老母宫：泰山老母是中国道教的重要女神之一，俗称泰山娘娘。山东泰山上有专门供奉泰山老母像的宫殿。

[译文]

泰山的老母宫内，收藏一枚古玉，长约一尺五六寸，宽有六寸多，造型为尖圆形，一半白玉，一半黑玉，黑玉部分手感温和，白玉部分手感阴凉，对此人们都感觉怪异。我认为原因是这件玉埋在地下时，一半插入水中，一半浮于水面。长年累月，在水中的部分必然变成凉性，见到阳光的部分必然温性，这一凉一温的性能，是分别接收水汽和阳光的能量聚结而成，犹如在盆中放入石块，浸在水中的部分阴凉，阳光照射的部分温暖，这是同一个道理。

[解析]

作者介绍的泰山温凉玉,即清乾隆皇帝于乾隆三十六年(1771)赐给岱庙的青玉圭。色白略泛青,由上下两截衔接而成。上截玉质细密,不易吸收周围的温度,摸上去手感较凉;下截材质为璞玉,玉质疏松,较易吸收四周的温度,摸上去手感温热。因此,玉材密度的不同造就了温凉玉的特质,作者当时对此的判断并不正确。

澄潭水之古玉

玉有出土,后落于潭水中年久,而再出土者,名曰澄潭水。此种含有水气,润泽异常,较之脱胎旧玉①,犹胜数倍,以其清光能照人影,诚为罕见之珍。余见清纯帝②所佩之黄玉文鱼佩,受三色色沁,名曰澄潭水,视之首尾欲动,真奇品也。按玉性喜燥,而患湿,故出土古玉佳者多在西北,独入于潭水中,于无石无泥处,而得此宝浆,为世所珍,岂不怪哉?

[注释]

①脱胎旧玉:有色沁、锈斑的古玉出土后经过常年把玩盘摩,盘出色沁,恢复原来的古玉光泽,称为"脱胎"。

②纯帝:指清乾隆皇帝,其谥号"纯帝"。

[译文]

玉器出土后,又落在潭水中年月长久,再出土,称为"澄潭水"玉。这种玉含有水汽,极其细润光泽,胜过脱胎古玉好几倍,因为它清澈的光泽能照见人影,属罕见的珍宝。我见乾隆皇帝(画卷上)佩戴的黄玉鱼纹佩,有三种色沁,名叫"澄潭水",看上去鱼首尾好像跃跃欲动,是真正的奇品。附:玉喜欢干燥的环境,不喜潮湿,所以上好的古玉多出土在西北地

鱼形玉佩　明代　上海市明墓出土

区,唯独落于潭水中,在没有石块,没有淤泥的环境里获得宝贵的潭水,成为被世人珍视的澄潭水玉,这难道不神奇吗?

[解析]

作者在这一段中介绍了"澄潭水"这一古玉品种,称赞其光影照人,润泽异常。一方面因其出土于澄潭水中,长期受到水的滋润,细腻光滑;另一方面应是这类玉器制作时抛光精细,打磨光滑,加上本身玉质优良,所以光彩照人。

重出土之古玉

重出土之古玉,土蚀必有露出两层之形,细视内必透彻有光,外必含有污秽之象。土蚀亦有深浅之分,若用滚水煮之,则污浊自退,清光大来矣。常常把玩,即能脱胎变为宝石色,较之第一次出土者,尤为特出。余昔存黄玉虬[①]文佩,满身璃斑[②],首有一角颇

蚕形玉佩　西周晚期　河南三门峡虢国墓地出土

龙凤形玉佩　春秋晚期　山西太原赵卿墓出土

长，如吴清卿③《古玉图考》所载之虬文佩。首无角者误矣，盖虬有角，螭④无角，不可不辨。审其质地，似重出土物，只因大不易携，故未盘出。又存有白玉蚕影佩，器小而精，受水银沁极厚，审其肌理，精光内蕴，特以外含浊气，使之隐而不彰。用滚水煮十余次，微露清光，及佩之数年，居然还原，有宝石色，见者以为此玉易盘，余曰此乃重出土之玉也，第一次出土时，早已经人盘过，故今日再盘，即省工矣，此理之必然也。

[注释]

①虬（qiú）：古代传说中有角的小龙，一说刚长出幼角的小龙。

②璊斑：赤色斑纹或斑点。

③吴清卿：即吴大澂（1835—1902），清末著名书法家、金石学家，著有《古玉图考》，详见自序注释。

④螭（chī）：古代传说中螭是一种没有角的龙。

[译文]

再次从地下出土的古玉，土壤侵蚀部分必定露出两层，仔细审视其内层必然透彻有亮光，外层必然含有污秽迹象。土壤侵蚀部分也有颜色深浅的区分，若用滚水烧煮，污秽浑浊都会自然消退，清澈的光泽大放异彩。此类玉器经常把玩，便能脱胎变成宝石色泽，比起第一次出土的古玉，更为出众。我曾收藏一件黄玉虬纹佩，满身璊斑，头部一角比较长，形似吴大澂《古玉图考》书中记载的虬纹佩。若头部没有角是错误的，因为虬都有角，而螭没有角，这点不可不搞清楚。细究这件玉的质地，似乎是再次出土的古玉，由于形体大不易携带，所以至今未能盘出。我还收藏一件白玉蚕形佩，器形小巧精致，水银沁非常厚，观察它的肌理，内部蕴涵精光，却因外层包有浊气，使其不能彰显。我用滚水烧煮了十多次，才微微露出清光，等佩戴数年后，居然还能还原，重现宝石色。见过的人都以为这种玉容易盘出，我说因为这是再次出土的玉器啊，第一次出土时，早已有人盘过，所以今日再盘，省了不少功夫，这个道理是很容易理解的。

[解析]

作者在这一段中结合自己的数件藏品，介绍了重新出土古玉的特征，并强调这种玉器盘活的可能性比起一般古玉要大很多，也容易很多。

玄 玉

余少时，与族兄西岩同学，夏日同浴于小浯河之龙湾。西岩好食蟹，每于石洞中捕之，忽得一蟹甚巨，其甲箝一小石，黑如琥珀之瑿①光，极空灵，疑为寻常之牛角石，既审视有花纹极精细，乃一玉压脐②耳。余索持之经两月余，不知失落何处，迄今思之，殆所谓澄潭水欤。

[注释]

①瑿（yī）：琥珀中最贵重的品种，红而微带黑，白天看到是黑色，晚上灯光下看则是红色。

②玉压脐：民间玩玉人认为嵌压在肚脐里的装饰玉器，多为花形薄片。

蟠螭环　东汉　上海博物馆藏

[译文]

我年少时，与同族的西岩兄同窗学习，夏天与他一起在小浯河龙湾游泳。西岩喜欢吃蟹，每次游水都会在石洞中捕蟹，有一次忽然抓到一只大蟹，蟹螯箝着一块小石头，黑如琥珀空灵的璧光，刚开始怀疑是普通的牛角石，等到仔细审视，发现上面有精细的纹饰，原来是一件玉压脐。我索要来把玩了两个多月，最后却不知掉落何处，现今想起来大概是所谓的"澄潭水"玉啊。

[解析]

作者结合自己的收藏经历，介绍了一枚曾经玩赏过的"澄潭水"玉。

把玩之玉

玉佩历代皆有，至把玩之品，自秦汉始盛行于世。诚以玉佩皆斫①成片假②，故宜佩之身边，把玩之玉多子玉，椭形者占多数，故宜持在手内而易于玩弄也。余所见把玩之玉，多系雕以鸟兽虫

桃形玉佩　清代　河北南皮张之洞旧宅出土　　玉熊　辽代　内蒙古巴林右旗出土　　玉熊　西汉　陕西咸阳渭陵出土

鱼、龙虎虬螭等式，均系子玉，且皆秦汉以后之物，未见有三代之器。足见把玩之品，皆因子玉物小而精，后人不忍斫成片假故也。余昔存一白玉蟾，大可盈把，背沁有茄皮色，后被子方侄携去。存一玉虎，已成黑漆古，不露质地，刀工系汉八刀③，佩之数年，后在广州，有友人招饮，醉坐洋车而睡，手中所持之玉虎，不知失落何处。今尚有一玉虬，全身黑漆古，刀工极精，惜其角上，于出土时，受有斧铲微伤。又有一白玉鸳鸯，卧荷叶上，沁有铁莲青、枣皮红等色，颇佳。又有一黄玉暖手④，上刻一蝙蝠，而全体刻卍字，盖取万福攸同之意也。受水银沁极重，刀工朴拙，含有古趣。以上数品，皆汉物也。至六朝以后把玩者，土古尤多，但已远逊秦汉矣。

[注释]

①斫（zhuó）：砍，削。

②假：此通甲。

③汉八刀：指汉代玉器中简练古朴、豪放流畅、寥寥数刀的玉雕工艺，主要见于玉蝉、玉猪、玉翁仲等丧葬玉器，这里的"八"是一个虚指。

④暖手：用来暖手的暖壶或暖炉。这里的黄玉暖手应该是一件玩赏器，不具实用性。

[译文]

　　玉佩每个朝代都有，而把玩的玉器，从秦汉才开始盛行于世。玉佩均是玉料切割成薄片制作而成，因而适宜佩戴在身上；把玩玉多为籽玉制成，大部分为椭圆形，因而适宜握在手里玩赏。我见过的把玩玉，多数雕琢成鸟、兽、虫、鱼、龙、虎、虬、螭等形象，皆为和田籽玉，且都是秦汉以后的玉器，不见夏商周三代的玉器。这足见籽料小巧精致，后人不忍心将其切割成薄片，因而做成把玩玉。我曾经收藏一件白玉蟾蜍，大小正适合一手把玩，背上有茄皮色沁，后来被子方侄儿拿走了。曾有一件玉虎，沁成黑漆古，不露质地，汉八刀雕工，佩戴数年后，一次在广州，朋友招待宴饮，酒醉后坐洋车昏昏睡去，手里握持的玉虎不知掉落在何处。目前有一件玉虬，全身黑漆古，刀工极其精细，可惜出土时，虬角上有斧铲的微伤。我还有一件白玉鸳鸯，卧在荷叶上，有铁莲青、枣皮红等色沁，是上佳之品。又有一件黄玉暖手，上面雕有蝙蝠，器全身刻卍字纹，这是取"万福攸同"的吉祥寓意，此玉受水银沁很重，刀工朴拙，含有古趣。以上这几件玉器，均是汉代的，六朝以后的把玩玉，以出土古玉为多，但已经远逊于秦汉时期。

[解析]

　　作者认为玉器之中，有一类是专门用于把玩，多为籽料、小件、动物形圆雕，以区别于用于佩挂、片状的玉佩，并认为这种把玩之玉在秦汉之后才盛行于世。而从实际考古的出土玉看，具备这种特征的动物形圆雕小件玉器早在新石器时期即已出现，商周时亦多见，应该也属于把玩的范畴。

宝玉之名称

　　周分宝玉于伯叔之国，当时所称宝玉者，是极言玉之贵，未必皆出土者之有宝石色也。今之所谓宝玉者，皆以出土之玉，变为宝石色，故名之曰宝玉也。玉不入土，而有宝石色者，仅璧琊[①]一种

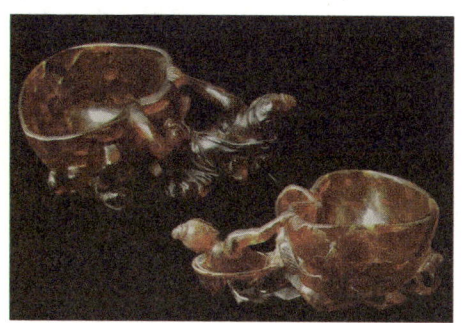

琥珀杯　明代　江苏江宁沐睿墓出土

而已,以其玉兼宝石性故耳。若出土之玉,不借盘功,而成宝石色者,吾未之见,盖以玉不受地气所蒸,诸色所沁,其肌理未变者,不能成宝石色,不受人气之养,盘功之深,其气质不变者,亦不能成宝石色。夫宝玉之可贵者,晶莹光洁,温润纯厚,结阴阳二气之精灵,受日月星三光之陶镕,其色沁之妙,直同浮云遮日,舞鹤游天之奇致异趣,令人不测。较之宝石,徒有光采,而少神韵,能夺人之目,而不能动人之心者,则远胜十倍矣,故嗜古者皆称宝玉。余昔存一桓圭[2],上白下黑;一珑,沁有四色;一璧羡[3],鸡骨白色。均有宝采,玲珑可爱,惜被火焚。现存一黄玉佩,两面所刻螭龙,而中有一孔,作龙尾交错形,刀工颇古,两面朱砂沁,色兼红紫,全体光莹透骨,见者皆以为宝石,余佩之四十余年,而始臻[4]此境,不易也。近得一三代系璧,小而精,亦如宝石,特少刀工。一晋代云龙璧,黑白分明,形如水晶。大小二璧,亦颇可玩。犹有二印,一碧玉形,如绿波,一黄玉,色同密蜡[5],皆脱胎旧物,亦多逸趣。

[注释]

①璧瑵:又称"碧亚""托玛琳""碧霞希""碧洗",也就是现代矿物学

中的"碧玺"。碧玺是一种宝石级玉石矿物，最早发现于斯里兰卡，在受热的情况下会带上电荷，具有热释电效应，又名"电气石"。文献中记载唐太宗西征时得到过这种宝石，16世纪开始与钻石、红宝石一样在中国受到珍视。

②桓圭：古代帝王与公、侯、伯、子、男五等诸侯于朝聘时各执玉圭为信符。圭有六种，表示不同的爵秩等级，"桓圭"为公爵所执。

③璧羡：长圆形的玉璧。《周礼·春官·典瑞》："璧羡以起度。"郑玄注："羡，不圜之貌，盖广径八寸，袤一尺。"

④臻：达到。

⑤密蜡：即"蜜蜡"。

[译文]

《尚书》中记载"周朝把宝玉分送给同姓诸侯国"，当时所称的"宝玉"，是形容玉器极其珍贵，未必都是出土的有宝石色泽的古玉。今天所谓的宝玉，均指出土玉器，后变为宝石光泽，才命名为"宝玉"。玉未曾埋入地下，而有宝石光泽的，仅碧玺一种而已，因为它本身既有玉性又有宝石性。如果是出土玉器，不借助盘玉功夫，而成宝石色泽的，我从未见过。因为假如玉未受地气熏蒸、各种色沁的侵入，不会改变它们的肌理，不能变成宝石色；同样的，若不借助人气养玉，盘摩功夫不深，玉的气质不会发生变化，也不能出现宝石色泽。宝玉的珍贵之处，在于它晶莹光洁，温润纯厚，结合了阴阳二气的精气灵气，受到日月星三光的陶冶，色沁的美妙，就像浮云遮日，舞鹤游天的奇妙意趣，令人不解其迷。宝石与它相比，徒有光彩却少了神韵，能夺人眼球，却不能撩动人心，因此宝玉远胜宝石十倍，这也是为什么嗜古好古的人称道"宝玉"。我曾经收藏一件玉桓圭，上部分白色，下部分黑色；收藏的一件玉琥，有四种颜色的色沁；有一件璧羡，鸡骨白色。这几件玉均有宝石光彩，小巧可爱，可惜被火焚毁。现存一件黄玉佩，双面雕饰螭龙，中间有一孔，呈龙尾交错形，刀工古朴，两面沁朱砂，颜色有红、紫两种，玉佩光莹剔透，看过的人都以为是宝石，我佩戴了四十多年，才开始达到这样的光彩境界，不容易啊。最近得到一块三代的系璧，小而精巧，也似宝石，刀工极少；一件晋代的云龙纹玉璧，黑白分明，如同水

玛瑙璧　西晋　河南洛阳市博物馆藏

青金石竹节形饰　南宋　上海松江李塔地宫出土

椭圆形玉环　元代　江苏吴县吕师孟墓出土

晶。这一大一小两件玉璧，值得把玩。还有两块玉印，一块碧玉，颜色如绿波，一块黄玉，颜色如蜜蜡，均是脱胎的古玉，也很有逸趣。

[解析]

　　作者详细介绍了"宝玉"的概念，即出土的古玉，经盘摩后散发出宝石光泽。重点强调出土古玉只有经过功力深厚的盘活后，才能成为内润外泽的宝玉。并结合自己的收藏经历谈论了这类脱胎古玉的把玩意趣。

异品之玉

　　清光绪二十年，余在燕京①夜市，购一旧玉，白色，茄式，刀工颇精巧，蒂多土斑，无他色沁。茄身白如羊脂，中有水珠，大如豆粒，见者皆以为奇异。有谓水银沁入结成块者，有谓玉中生虫，如土块中生虫，石中生虫者，其说不一。余以为如含殓之水银所沁，当即变色，且成片，成块，成线等形，人皆知之，而未闻有成

茄式白玉鼻烟壶　清代　台北故宫博物院藏

珠者。即地中水银所沁，其光自流动，亦不能结于一处，而成豆大之水珠。如以为玉中生虫，何以向日视之，不见虫迹。相传石中有水，曰空青，水晶亦有空青，此或玉之空青耳。石空青，《本草》②云：产益州③山中。但不知玉之空青，产自何处，天地生物不测，真令人不能识也。余佩之数年，后因访张振卿年丈④于东城，乘骡车翻于玉带河桥下，当时昏迷不省人事，岸上人将余抬于一小铺内，休息片刻而即醒，见仆人与车夫皆头破血流而擦药，余则无恙也。旋问仆曰，伤损物件乎？答曰：玉茄碎矣，他无所损。余甚惊异，以为河底无石，玉何由碎？审视之，见玉茄身中一孔如豆大，空无一物，而已分为两矣，惋惜之至。次日徐东甫表兄，来视余伤，即以碎茄示之。渠曰：闻之出土古玉，能护人身体，今果然矣，弟其存之。后藏于旧玉匣中，十余年而无失。迨宁局被回禄，此玉茄亦在其中，可惜也，亦可志也。

[注释]

①燕京：北京的旧称。

②《本草》：即明代李时珍的《本草纲目》，共五十二卷，记载药物近两千种，收集药方万余条，是对16世纪以前中医药学的系统总结。

③益州：古代地名，原蜀郡之地，包括今天的四川盆地和汉中盆地一带。

④年丈：即年伯。古代称同一年考取进士的人为"同年"，后辈称与父辈同一年考上的人为"年伯"。明代中叶以后亦用以称同年的父亲或伯叔，后用以泛指父辈。

[译文]

　　清代光绪二十年（1894），我在北京的夜市，购买了一块旧玉，白色，茄子式样，刀工十分精巧，茄蒂部分较多土沁斑，除此之外没有其他色沁。茄身洁白如羊脂，里面有水珠，豆粒般大小，见过的人都觉得奇异。有人说是水银沁入后结成的水滴，有人说是玉石中长了虫，就好像土壤里生虫，石头中也会生虫，各有各的说法。我认为如果是殓葬水银所沁，应当变色，且形成片状、块状、线状等形，这是人所众知的，却从未听说呈现水珠状的。即使是地下水银所沁，其光自然流动，也不能凝结于一处，而成为豆大的水珠。如果认为是玉石中长了虫，为何对着阳光映照，却不见虫的痕迹？相传石头之中有水，称为"空青"，水晶也有空青，玉茄中的豆粒水珠或许就是玉的空青。关于石头的空青，《本草纲目》记载：产于益州山中。但不知玉的空青，出产于何处。天地造物，令人捉摸不定，实在让人难以认知。我佩戴这块白茄玉数年，后来去东城拜访张振卿年伯，乘坐的骡车翻车掉入玉带河桥下，当时昏迷不醒，不知人事，岸上的人将我抬到了路边的小店里，休息片刻后随即清醒了，看到仆人和车夫都头破血流，擦了药，而我却安然无恙。立即问仆人："有没有什么物品损坏？"回答说："玉茄碎了，其他的都好。"我非常惊异，因为河底没有石头，玉怎么可能会碎呢？仔细观察，只见玉茄中间有一豆大的孔，里面空无一物，茄身已一分为二，令人惋惜不已。第二天表兄徐东甫过来探望我的伤，给他看破碎的玉茄。他说："我听说出土的古玉，能保护主人的身体，今天果然见识了，弟，你要好好保存。"后来我将它藏在旧玉匣中，十多年来没有丢失，直到宁局火灾，玉茄不幸在其中被焚毁，实在是可惜，也值得记录一下。

[解析]

作者详细记录了玉器收藏中的一件异品——含有水珠的白玉茄,并讲述了它帮助自己避难的一段传奇经历。

骨变玉

兽骨变玉,为世所罕闻。质轻沁透,其光采色泽,直同五千年以上之出土旧玉,真可怪也。按兽骨变石,其年龄不知凡几,若变而为玉,其年龄更不可考矣。欧美研究地球之年龄者,当在所必需也。余得二枚,古趣盎然,亦一奇观,似可作研究地球学者参考之一助。

[译文]

兽骨转变成玉,世间很少听到。这种玉质地轻盈,色沁通透,光彩色泽如同出土的五千年前的古玉,真是奇怪啊。附:兽骨变成石,不知要经历多久时间,若变成玉,其中的年代更是不可考了。欧美有人专门从事地球年龄的研究,对这些问题的探讨应该是必需的。我收藏有两枚骨变玉,古趣盎然,也属奇观,似乎可以作为对地球研究学者有帮助的参考资料。

[解析]

作者提及了关于兽骨转变成玉石的一种现象,但事实上,兽骨是不会变成玉石的,因为两者是完全不同的成分和材质。其可能是兽骨在长时间的埋藏条件下,结构变得细腻坚硬,具有一定的光泽,如同玉石一般。

玉樽　西晋　湖南安乡刘弘墓出土

传世古

　　玉器未经入土，而年已经久，满身红色牛毛纹，若隐若见者，是曾经多人之把玩，精神气血凝聚而成，故质地之宝浆，含有生气，玩之亦多雅趣。余见兰陵王氏，其世藏之连环璧，长二尺余，一黄一白，中有联环系之花纹。黄者谷式[①]，白者蒲式[②]，刀法之精深大而完整，洵[③]为巨观，视之即知为汉器。又于日友某公爵家，见一白玉壶，大而且厚，花纹极细，视之即知为晋器。族兄雨樵，存一碧玉鱼，惠藕桥兄存一白玉虎，余家存一白玉佛像，均未入土，牛毛纹极细，色微黄，审其刀工，即知为六朝故物。至唐宋之物，见者尚多，故不赘。

[注释]

　　①谷式：即谷璧，表面阴刻旋涡纹或浅浮雕谷纹、乳钉纹的玉璧，战国

双连玉璧 西汉 广州南越王墓出土

汉代流行。

②蒲式：即蒲璧，表面浅浮雕六角形格子的玉璧，蒲纹类似编织的蒲席，战国汉代流行。

③洵（xún）：表程度的副词，诚然，确实。

[译文]

　　没有被埋入地下的玉器（也就是传世古玉），年代一久，满身会有红色的牛毛纹，若隐若现，这是因为玉器经过很多人的把玩欣赏，凝聚了人的精神气血，因而玉质上的一层宝浆，富有生气，把玩起来有很多雅趣。我见到过兰陵王氏世代珍藏的连环玉璧，长有两尺多，一件黄色，一件白色，中间的连环刻有花纹。黄色的是谷纹璧，白色的为蒲纹璧，刀工十分精深，且器体这么巨大又完整，实在是大气宏伟，一看便知是汉代的玉器。又在日本朋友某公爵的家中，见到一件白玉壶，又大又厚，花纹极其细致，一看便知是晋代的玉器。族兄雨樵有一件碧玉鱼，惠藕桥兄有一只白玉虎，我家有一尊白玉佛像，都属没有埋入地下的传世古玉，牛毛纹极其细密，颜色微黄，审视这些玉器的刀工，就知是六朝的古玉。至于唐宋玉器，见到的很多，因而不赘述了。

[解析]

流传下来的古玉有两种：一种为传世古玉，一种为出土古玉。传世古玉流传数代，经人气养玉，滋润异常。作者在这一段中根据自身的收藏及经历讲解了传世古玉的特征。

土　古

凡出土之古玉，通名为土古。轻者曰土蚀，曰土锈；重者曰土侵，曰土斑。皆因地气所蒸，受土吃有深有浅，故现此形。如无此形，便非入土年久之物。亦有入土未久，而即出者，仅含有土气，用开水煮之，土气自退，依然如传世古无异。每有土锈浓厚，深入肌理，用刀刻之，不易削去者，盖因土有沙性沁入玉理，合而为一，故不易盘出。即盘出，亦不及色沁之光洁，耐人摩挱①也。余存一赤玉璋②，一苍玉璧，土沁处作干黄，含有石沙质。用灰提法③煮数次，亦无大效，极力盘之，微露暗淡之光，在奉天④时，赠年丈英和卿侍郎⑤。

[注释]

①摩挱（mó suō）：同"摩挲"，抚摸、抚弄，这里指对玉器的把玩、欣赏。

②璋（zhāng）：《说文解字》中说"半圭为璋"，古代的一种玉器，形状像半个圭。

③灰提法：用栗炭、木贼草泡水，加入银硝煮玉，玉器表面便生白雾，或生一些微小孔窍，玉中水银、灰土、浊气便会被提出。详见下文的"灰提油法"条目。

④奉天：奉天省，地名，清代光绪末置，东北九省之一，省会在今辽宁沈阳。

鸡心佩 西汉 江苏铜山小龟山墓出土

牙璋 商代中期 四川广汉三星堆遗址出土

玉璧 新石器时期 江苏吴县草鞋山遗址出土

⑤侍郎：古代官名。明清时代是政府各部的副部长，地位仅次于尚书。

[译文]

凡是地下出土的古玉，通称为"土古"。土壤侵蚀轻微的称"土蚀""土锈"；土壤侵蚀严重的称"土侵""土斑"。均因为受地气熏蒸，土沁有深有浅，才会出现这样的情形。若没有土沁，则说明玉器埋入地下的时间并不长。也有一些入土不久后便出土的玉器，仅仅含有土气，用开水烧煮，土气自然退去，依然同传世古玉没有差别。如果土锈厚重，深入玉质肌理，用刀剔刻，不容易刮去，这说明有沙性的土壤沁入玉质，两者合而为一，因此很难盘出。即使盘出了，也不及色沁玉盘出后那般光润洁泽，耐人摩挲。我有一件红玉璋，一块灰白玉璧，土沁干黄，含有石沙质，用灰提法煮了多次，没有明显改变，用力盘摩，才稍微露出一点暗淡光芒，在沈阳时，我把它赠送给了叔伯英和卿侍郎。

[解析]

作者在这一段中讲解了出土古玉的特征，并就有不同程度土沁的玉器该如何进行处理和盘摩介绍了实践经验，尤其详细介绍了有沙性土壤沁的古玉的状况。

琀 玉

《典瑞》云：于驵圭、璋、璧、琮、琥、璜之渠眉。疏：璧琮以殓尸。之下注云：圭在左，璋在首，琥在右，璜在足，璧在背，琮在腹，盖取象方神明之也。疏：璧琮者，通于天地。盖古人皆以玉为瑞，出于神秘之信仰，故葬时以玉为含殓。出土之玉，名曰琀玉。后人以旧玉为琀玉误矣，更有以琀玉为汉玉，则尤为可笑。按出土之玉，殉葬者十之八九，非殉葬者十仅一二，故受色沁多者，皆殉葬物也。《礼》曰：君子比德于玉。又曰：君子无故，玉不去身。可见生前所佩之玉，殁后多以此殉，今人有本人于将死时索殉者，如高南阜①以司马相如②之白玉私印殉者，是也。至其子孙，以其先人生前所好之物殉者，笔不胜书，玉其尤重者也。此吾国古今人民之习俗，而况古之帝王家乎？故今日出土之金石，皆自古冢得来，此其明证。吾不知楚珩③赵璧今尚存于地下否耶？

[注释]

①高南阜：即高凤翰（1683—1749），字西园，号南村，山东胶县人，清代画家、篆刻家。

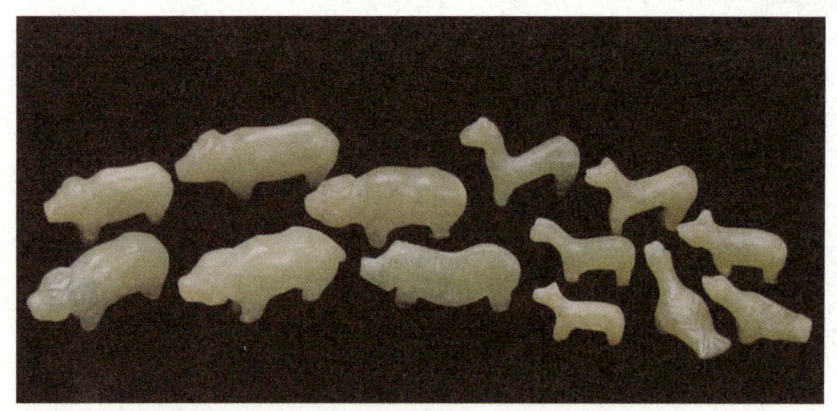

动物形琀玉　战国早期　湖北随州曾侯乙墓出土

②司马相如（约公元前179—前127）：字长卿，汉族，蜀郡人，西汉大辞赋家。

③楚珩：楚国的白玉珩，此指代战国时候的美玉。

[译文]

《周礼·典瑞》记载"于驵圭、璋、璧、琮、琥、璜之渠眉"，注疏说："璧琮以殓尸。"下面的注释说："圭在左边，璋在头部，琥在右边，璜在足部，璧在背部，琮在腹部，这样的排布象征了四方神明的位置。"注疏说："玉璧和玉琮，连通天与地。"古人认为玉是祥瑞的征兆，出于这种神秘的信仰，古代殓葬都用玉来随葬。墓葬中出土的玉，称为"琀玉"。后人认为古玉就是琀玉，这是错误的，更有人认为琀玉是汉代的玉器，这更为可笑。附：出土的玉器，用来殉葬的占十分之八九，不用来殉葬的只占十分之一二，所以受色沁多的古玉，多是殉葬玉器。《礼记》说：君子比德于玉。又说：君子无故，玉不去身。可见古人生前佩戴的玉器，死后多会随葬入土，现在的人在将要离世前，会索求殉葬品，比如，清人高凤翰要求用汉代文学家司马相如的白玉私印为自己殉葬，就是这样的例子。至于子孙后代，会将先人生前喜好的物品用于殉葬，这样的事例数不胜数，其中玉器所占的比重很大。这是我们从古至今的民间习俗，帝王之家更是如此。所以，现在出土

龙纽白玉印　明代　江西省博物馆藏

的金玉宝石，都出自古代墓葬，这就是明证。我不知道古代美玉中的楚国白珩、赵国和氏璧现在是否还埋在地下。

[解析]

对"琀玉"一般的理解是指用玉作为口含物，随葬于死者口中，多为玉蝉、小玉粒、碎玉等，这种丧礼仪式在《周礼》中已有记录。而作者在这一段详细介绍的"琀玉"却是另一个宽泛的概念，即指古代墓葬中用于随葬的玉器，认为古人十分喜欢用玉器进行殉葬，所有墓葬中出土的玉器统称为"琀玉"，应是当时古玩界一种约定俗成的概念。

男女老幼之别

今见出土之玉鸠杖首，知其为老者所用；璩觿[①]等佩，知其为童子所用；圭璋琮璧，知其为王公所用；鱼佩系璧，知其为士庶[②]可用；若环佩琼瑶之类，知其为妇女所用；更有琼璧瑑[③]璺等之极

觽形佩　汉代　江苏泗阳张庭意墓出土

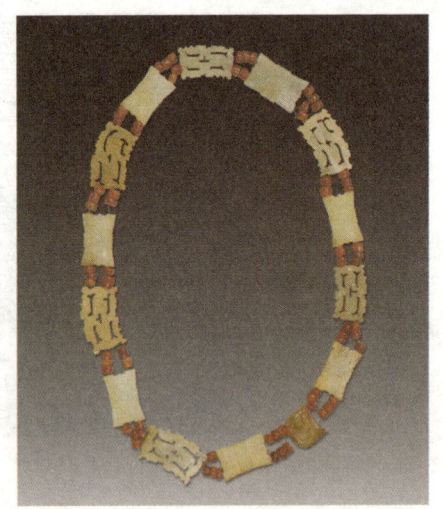

玉项饰　春秋早期　陕西韩城梁代村 26 号墓出土

小者，则知其为夭寿④含殓所用。此不可不辨者也。余存一白玉璺，遍体牛毛纹，其大异常，一望而知其为三代物，惜少刀工，被及门⑤高六吉索去。

［注释］

①觽（xī）：古代一种解结的锥子，用骨、玉等制成，也用作儿童佩饰。

②士庶：士人和普通百姓。

③璪：弁饰。

④夭寿：过早死亡，短命。

⑤及门：正式登门拜师受业的学生。

［译文］

如今看到出土的玉鸠杖首，知道这是老人用的杖首装饰；璪、觽等，知道这是孩童佩戴的；圭、璋、琮、璧，知道这是王公贵族所用的；鱼佩、系璧，知道这是士人和普通百姓用的；若是环、佩、琼瑶一类的美玉，知道这是女子所用；还有琮、璧、瑷、蛰等小型玉件，则知道它是夭折后随葬用的。这些都不能不搞清楚。我有一件白玉蛰，遍体牛毛纹，形体非常大，一看便知是夏商周的古玉，可惜缺乏刀工，后来被弟子高六吉要去了。

[解析]

作者在这一段中就古代男女老幼不同年龄层次、不同性别的人佩戴不同的玉器种类做了简单介绍。

贵贱之分

古玉，以圭璧琮璜等为上，次则祭器环佩，再次则零星小件者，是三代之珩玉也。至秦汉以后，以印章符节为上，殉葬有用玉押①者。玉押即玉版也，长数寸，体厚异常，以美玉为之，以围腰间，可保尸之上体，如鼻塞、眼压、乳压、压须、压脐、夹肘之类次之，下体之粪塞阴塞之类又其次也。

[注释]

①玉押（yā）：押，同"压"。玉押指汉代特制的，殉葬时压在尸体上的玉器，葬玉的一种。我们平时所说的"玉匣""玉柙（xiá）"常指玉衣，根据下文意思，这里应该不是玉衣。

金缕玉衣　汉代　江苏徐州狮子山楚王陵出土

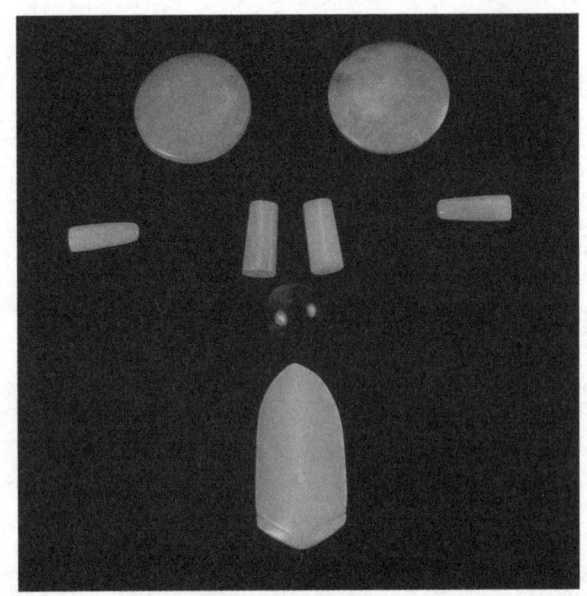

玉窍塞　西汉　安徽天长三角圩汉墓出土

[译文]

古玉之中，以圭、璧、琮、璜等为上等品，其次是祭祀用具环、佩，再次是零星的小饰品，也就是夏商周的珨玉。秦汉以后，古玉以印章、符节为上等品，殉葬有用玉押的。玉押就是玉版，长几寸，非常厚，用美玉制作，围在腰间，可以保护尸体的上部。像鼻塞、眼压、乳压、压须、压脐、夹肘之类的葬玉，次等；尸体下身的粪塞、阴塞之类的葬玉则更次一等。

[解析]

作者在这一段中将古玉按种类和功能分成贵贱不同等级，礼玉为上，佩玉其次，葬玉最末。这是根据民国古玩界内约定俗成的标准来分的。

琀玉之有缺痕

琀玉有一刀之缺痕，有两刀之缺痕，皆玉人用刀削之，以记其为殉葬物也。今人皆知其为三代器，而不知夏商之琀玉，皆完全无缺痕。至周时始分，日用之物，皆完整，含殓之物，故意刻之，使其缺陷，以别之耳。秦汉以后，无玉人之职，均属匠作，故无论日用与殉葬之器，皆取完整。据所见夏商之玉，与秦汉六朝之玉，未曾有一缺痕者，即此可断为周时所制也。余存有碧玉瑗一，白玉琮一，皆有一刀之缺痕，系璧一，黄玉璜一，皆有两刀之缺痕。而其朴拙之气，令人生羡。若伪造周器者，多仿其缺痕，但有意为之，刀痕明显易露，愈显其丑，此人人所易辨者也。

[译文]

琀玉有一刀的缺痕，有两刀的缺痕，都是玉工用刀刻的，以标记它们是殉葬的玉器。现在的人都知道琀玉是夏商周三代古玉，而不知道夏商朝的琀玉，全都没有缺痕。直到西周才开始有分别：日用的玉器，完整无缺；随葬的玉器，故意刻划一刀，使得它变得有缺陷，以示区分。秦汉以后，没有了专职的玉工，全部由工匠来制作，所以无论日用的还是殉葬的玉器，都是完整的。我所见过的夏商朝玉器，以及秦汉六朝的玉器，都没有一刀的缺痕，据此可以断定它们（不）是周代制作的。我收藏有一件碧玉瑗，一件白玉琮，有一刀的缺痕，一件系璧，一件黄玉璜，有两刀的缺痕，但它们散发出的朴拙气息，令人爱不释手。若要伪造西周古玉，多仿造它的缺痕，但故意伪造的，刀痕明显外露，更加显丑，这是人人都容易分辨的。

[解析]

作者在这一段中将随葬玉器的缺痕现象作了归纳总结，认为夏商古玉没

长方形玉饰　春秋　陕西凤翔秦公1号墓出土

玉钺　新石器时期　江苏吴县草鞋山遗址出土

有缺痕,秦汉以后古玉没有缺痕,但西周时期的随葬玉器有。事实上,考古出土的材料与此判断并不符合,且玉器上的缺痕应是加工过程中遗留的痕迹,各个时代都有可能有,尤其是新石器时期由于工艺欠精,经常留有琢玉痕迹,并非人们有意为之。

水坑火坑干坑之比较

古代帝王之陵寝,其穴宽大,含殓之玉亦多。穴空,地中之水易于灌入,故名曰水坑。穴中有地火者,名曰火坑。穴中无水火者,名曰干坑。水坑之玉多斑点,形如虫蛀;火坑之玉多裂纹,形同石灰;干坑之玉,皆带有枯槁之色,土锈之痕。三者盘之日久,皆可复原,但水坑不如火坑,以浊气太重之故;火坑不如干坑,以裂痕太多之故;干坑即无此弊。若论盘功,水坑较易于干坑,干坑较易于火坑,此不可不知者也。按干坑水坑,初出土时,玉质皆松,以刀试之,有直同花乳石①者。俟盘出后,以刀划之,坚不可破。故珤玉之新出土者,不问其质地之硬软,但视其刀工色沁之老嫩耳。

荷叶鱼形玉坠　金代　陕西西安市文物保护考古所藏

玉卮　西汉　安徽巢湖放王岗墓出土

[注释]

①花乳石：色黄，中间有淡白点，又名花蕊石，比较容易刻画。

[译文]

　　古代帝王的陵寝，墓穴宽大，随葬的玉器十分丰富。由于墓穴空旷，地中的水容易灌入，因此称"水坑"。墓穴中有地火的，称"火坑"。墓穴中没有水火的，称"干坑"。水坑玉多斑点，好像被虫蛀过一样；火坑玉多裂纹，好像石灰；干坑玉色泽枯槁，有土锈斑痕。这三种玉盘摩时间长了，都可以复原，但水坑玉不如火坑玉，因为它污浊之气太重；火坑玉不如干坑玉，因为它裂痕太多；干坑玉就没有这些弊病。如果讨论盘玉的功夫，水坑玉比干坑玉容易，干坑玉比火坑玉容易，这些不应该不知道。附：干坑玉、水坑玉刚出土的时候，玉质比较疏松，用刀雕刻，就好像雕花乳石一样轻松。等到盘活后，再用刀雕刻，就坚不可破了。所以对新出土的琀玉，不必考虑其质地的软硬程度，但一定要注意它的刀工和色沁。

古玉辨　　67

[解析]

古代玉器在地下的埋藏环境非常复杂，大而因地区而异，小而看墓葬条件。作者这里将墓葬玉器分为水坑玉、火坑玉和干坑玉三类，并着重介绍它们的特征，比较盘摩的难易度，为古玉爱好者提供了鉴赏知识。

玉出土之软硬

玉入土中年久，其质即软，如不软，则色不能沁。至出土后，亦有硬软之分，硬者易辨，软者形同枯骨，或如瓦砾。此皆由地气燥湿所致，见者多不能辨。每见一器，一半软一半硬，硬者以刀试之，不能入，软者以指甲划之，即碎如泥土，但盘之日久，则软者亦坚不可破，此不可不知者也。

[译文]

玉埋入地下年代久远，质地就会变软，如果不软，色沁就不能侵入。玉出土之后，也有软硬的区分，硬的比较容易分辨，软的就像枯骨，或如同瓦砾。这些都是由于地气干燥或者潮湿导致的，很多人都不能分辨。每次看到一件玉器，一半软一半硬，硬的用刀刻，不能刻入，软的用指甲划，立即碎如泥土，但是盘摩时间久了，软的部分也会变得坚硬不可破，这不可不知道啊。

[解析]

作者在这一段中介绍出土玉器的软硬情况及盘摩时的注意事项，认为地下埋藏的玉器质地会发生变化，由坚硬变得疏松，沁色便会侵入，但出土后经过盘摩，仍旧能恢复硬度。

玉琮　新石器时期　甘肃临洮出土

出土之夷玉

《周书[①]·顾命》：大玉夷玉。疏引王肃[②]云：夷玉，东夷之美玉。郑康成[③]云：大玉，华山之球；夷玉，东北之珣玗琪[④]。《尔雅[⑤]·释地》：东方之美者，有医无闾[⑥]之珣玗琪。是夷玉见称于周久矣。今见医无闾山下所产之玉，光透如冰，坚而不润，石性也。是以出土者，露有浮光，虽盘出而少色泽，不足贵也。

[注释]

①《周书》：是我国最早的史书《尚书》中的一部分。《尚书》按时代先后，分为《虞书》《夏书》《商书》《周书》，共100篇。

②王肃（195—256）：字子雍，三国魏儒家学者，著名经学家。

③郑康成：郑玄（127—200），字康成。东汉儒家学者，通习今文经学、古文经学，两汉经学的集大成者。

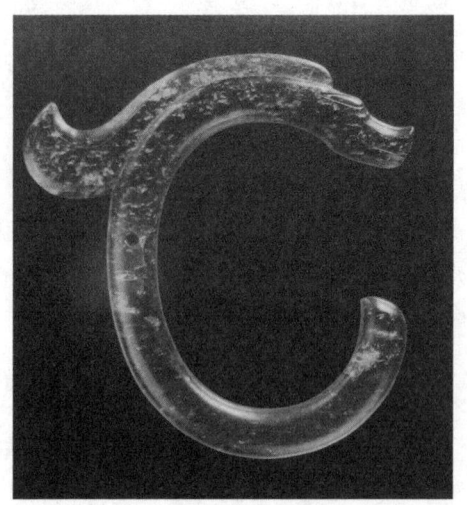

玉龙　新石器时期　内蒙古三星他拉遗址出土

④珣玗琪（xún yú qí）：东北地区的美玉名称，即岫岩玉的古代称呼。

⑤《尔雅》：我国最早的一部解释词义的专著，也是第一部按照词义系统和事物分类来编纂的词典，成书于秦汉时。

⑥医无闾：山名，在今天的辽宁东部。

[译文]

《尚书·顾命》："大玉、夷玉。"注疏引王肃的话：夷玉，东夷的美玉。郑玄注：大玉，华山的玉石；夷玉，东北的珣玗琪玉。《尔雅·释地》：东方的美玉，有医无闾之珣玗琪。因此可知，西周时夷玉已经为周人所称扬了。现在看到辽宁医无闾山下所产的玉，光亮透明如同冰块，坚硬却不润泽，具有石头的性能。这种玉出土，露有浮光，虽然盘出却缺少光泽，不够珍贵。

[解析]

作者根据古文献关于"夷玉"的记录，并结合现实材料，对这一玉石种类做了简单的介绍。其中"珣玗琪"即古人对东北岫岩玉的称呼，是我国古老玉种之一。新石器时期的红山文化玉器即由岫岩玉制成。

出土之璧流离

《地理志》曰：入海市明珠璧流离①。《西域传》：罽宾②国，出璧流离。《吴国山碑·纪符瑞》亦有璧流离。《魏略》云：大秦国，出赤白黑黄青绿缥③绀④红紫，十种流离。吴清卿有一玉环，形同流离。即以为今日中国所罕见，即西域亦非恒有，故汉时以为祥瑞，最可宝重。不知璧流离，即宝石之似玉者，质坚而不润，性寒而不温。即受色沁，亦多凸凹不易透出。故其光虽如玻璃，而不能如玉之润泽如脂膏也。汉时由西域进来，颇非易易，故人少见多怪，即目为祥瑞。犹之今人初见钻石，目为珍奇耳。今之目为珍奇，犹古之目为祥瑞也。按璧流离，可为玉中之异品，清卿以为玉中之绝品，则大谬矣。今某友得一笛头，拘于清卿之说，奉为至宝，不肯轻以示人。余笑曰：古之君子，以德于玉；今之人竟欲比德于璧流离，能不令人捧腹？

[注释]

①流离：宝石名，即"琉璃"。后亦指一种烧制成的釉料或玻璃。

②罽（jì）宾：古代西域国名，汉魏时在今天的克什米尔一带，唐时在今天的卡菲里斯坦至喀布尔河中下游之间。

③缥（piǎo）：青白色。

④绀（gàn）：稍微带红的黑色。

琉璃杯　北燕　辽宁北票冯素弗墓出土

琉璃璧　汉代　香港私人收藏

琉璃瓶　北宋　香港私人收藏

[译文]

　　《地理志》载："入海市明珠、璧流离。"《西域传》载："罽宾国，出璧流离。"《吴国山碑·纪符瑞》也记载"璧流离"。《魏略》载："大秦国，出产赤、白、黑、黄、青、绿、缥、绀、红、紫，十种流离。"晚清的吴大澂（清卿）藏有一枚玉环，形如琉璃。即认为此物在当今中国罕见，即使在西域地区也不能常看到，因此汉代时就以琉璃为祥瑞之兆，非常珍贵。他却不知道璧琉璃就是似玉的宝石，质地坚硬却不润泽，石性寒而不温润，即使受了色沁，也多凹凸不容易盘出。所以，琉璃虽有玻璃一般的光亮色泽，却不能有玉一般如脂似膏的莹润。汉时琉璃从西域进入中原，并非易事，所以人们少见多怪，把它视为祥瑞。犹如今天的人初次看到钻石，认为其珍贵无比。今人认为的珍奇，就是古人认为的祥瑞。附：璧琉璃是玉中的独特品种，而吴大澂认为是玉中绝品，这是大错特错。现在，我的一个朋友得到一件琉璃笛头，拘泥于吴大澂的观点，奉为至宝，不肯轻易给人观赏。我笑着说：古代的君子，以德比玉，今天的人竟以德比璧琉璃，怎能不让人捧腹大笑？

[解析]

　　作者在这一段中详细介绍了琉璃的特性。琉璃是中国古代手工作坊的艺术品，因产量不高，存世量比青铜、陶瓷、玉器少很多。或许是物以稀为贵，清末民国有些人认为琉璃比玉珍贵。作者不以为然，并认为琉璃虽有宝石光泽，但不如玉滋润细腻，缺乏内敛温润的美。

刀　工

石器时代原无刀工，故古玉斧玉铲之类，存于今者，未见其有花纹者，可见上古未开化以前，无刀工之可言也。若论刀工，三代尚矣。夏尚忠，其刀工精而深；商尚质，其刀工古而朴；周尚文，其刀工文而雅。而产玉之多，制玉之盛，尤以周为最。观玉人之设，上而夏商，下而秦汉，均无此职，即可知矣。故至今出土之古玉，论三代器，亦以周为最多。至西汉刀工，有豪放气，故有汉八刀之称。东汉三国之刀工，皆宗西汉，无大变更。至六朝之刀工，专重巧雕，与汉魏不同。隋唐以及五代之刀工，亦属圆浑，但杂而不纯，佳者极少。北宋之刀工，精神外露，特少古意。自宋末以及元明清，学者多刻花乳石①。刻玉一门，纯属匠作，几不见文人一

凤鸟纹玉佩　西周　陕西宝鸡竹园沟9号墓出土

玛瑙杯托　清乾隆　英国维多利亚和阿尔伯特博物馆藏

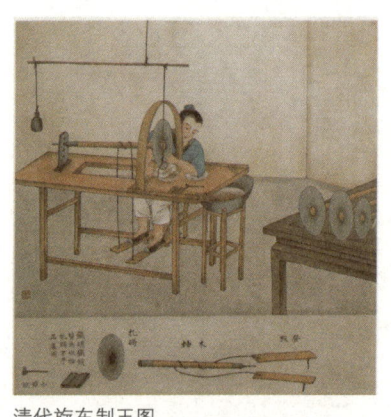
清代旋车制玉图

玉珩佩　六朝　安徽当涂青山六朝墓出土

操刀矣。但清至乾隆，刀工为之一变，当时所刻翡翠玛瑙②珊瑚③宝石之多，实为历代之冠。其以田黄④田白⑤鸡血红⑥等石仿古，亦为历代所无。虽多匠作，但一时风尚，犹见有文人词客游戏而为此者，故其刀法之精，直追六朝。自道光以后，则远不及矣。余按古今雕刻一门，可分五大时期。他山之石，可以攻错⑦，是以石制玉时期，可称最古，一变而为周之昆吾刀⑧，再变而为汉之八刀，又一变而为六朝巧雕，至清之乾隆精刻为最后。此皆一时风尚，故精美者多。工艺之关乎文化，岂曰小补而已哉？犹之论瓷器，则必称柴、汝、官、哥、定；论鼓铸⑨，则必称齐莒刀⑩、列国币、新莽、梁武、宋徽、清之咸丰是也。否则如唐之开元，宋之宣和，明之宣德，清之康熙，其刀工岂无精品，特以不能移风易俗，故传于世者少耳。况近世多用旋车⑪，气息薄弱，不能上追古代，则又远不如用刀矣。昔人云：自晋魏以来，不见昆吾刀，诚然哉。但昆吾刀，自何时断绝，吾亦不得而知也。若就双钩碾玉法论之，汉时已取便捷，失其古趣，至今之用旋车制玉，则愈趋愈下矣。倘再用机器制作，则俗恶更不堪设想，可畏也哉。吾尝与诸弟子论古玉，曰：今之玉质，不如古玉之坚洁，想系地利之退化。今之刀工，无论用单刀副刀，均不如古人刀工之朴拙，亦系文艺之退化，言之可慨。或云古玉坚洁，由于出土后风吹日晒，年愈久而愈见精采，是以秦汉不及三代，六朝不及秦汉，唐宋元明不及六朝者，非玉之罪也，刀工亦然。今人不见昆吾刀，而以菊花铁所炼之钢刀刻玉，而欲追踪三代，颉颃[12]秦汉，睥睨[13]六朝，岂不愚哉？此说亦觉近理。

[注释]

①花乳石：别称花蕊石、白云石，河南等地的药用石，又可雕刻，古代多作印材。

②玛瑙：一种细纹玉石，经常是混有蛋白石和隐晶质石英的纹带状块体，莫氏硬度7.0。

③珊瑚：由海底珊瑚虫的骨骼形成的树状聚集物，宝石的一种，以红、粉红、橙红等颜色为多，莫氏硬度3.5—4.0。

④田黄：亦作"田坑石"，寿山石的一种，产于田坑，色黄，故名，极珍贵的印石。

⑤田白：指田坑石中色白者，多略呈淡黄或淡青色，为珍贵的印章材料，

玉卣　南宋　安徽休宁朱晞颜夫妇合葬墓出土

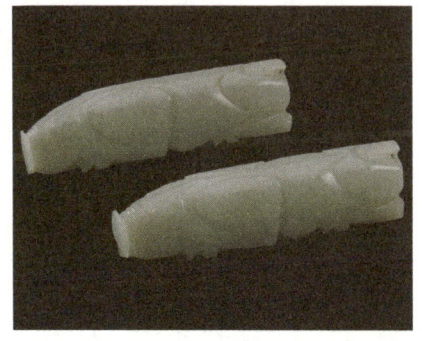

玉猪　汉代　江苏扬州新莽墓出土

质灵、纹细、格少者最佳。

⑥鸡血红：即鸡血石，产于浙江昌化，有红色斑点，为珍贵的印章材料。

⑦攻错：琢磨玉器。《诗·小雅·鹤鸣》载："他山之石，可以为错。"

⑧昆吾刀：用昆吾石冶炼成铁制作的刀。《海内十洲记·凤麟洲》："昔周穆王时，西胡献昆吾割玉刀……刀长一尺……刀切玉如切泥。"

⑨鼓铸：鼓风扇火，冶炼金属，这里指铸造钱币。

⑩齐莒刀：古代齐国的钱币，莒邑所造，形似刀，故名。莒，jǔ。

⑪旋车：清代玉作工具装置，结构复杂。玉工坐在旋车前，脚踏蹬板，供给动力，靠麻绳牵动木轴旋转，完成解玉、切玉和琢磨等工序。相关内容和步骤可参考清光绪十七年李澄渊绘制的《玉作图》。

⑫颉颃（xié háng）：泛指不相上下，相抗衡。

⑬睥睨（pì nì）：斜着眼睛看，形容高傲。

[译文]

新石器时期原本没有刀工，所以流存至今的玉斧、玉铲之类，未见其有纹饰，可见上古尚未开化以前，没有刀工。若要论刀工，三代才开始崇尚使用。夏朝崇尚"忠"，刀工精深；商朝崇尚"质"，刀工古朴；周代崇尚"文"，刀工文雅。而大量生产、制作玉器之风，以周朝最为盛行。"玉人"一职的设立，在夏商、秦汉均没有，唯有周朝有，从这便可知。所以迄今为止出土的三代古玉，以周朝的数量最多。至于西汉的刀工，豪放练达，因此有"汉八刀"之称。东汉、三国时的刀工，均继承西汉，未有大的变化。到了六朝时期，刀工注重巧雕，与汉魏时期不同。隋唐以及五代的刀工，也属圆浑，但杂而不纯，佳品极少。北宋的刀工，精神外露，缺乏古意。自宋末至元明清，学者多刻花乳石。刻玉是门手艺活，纯属匠作，几乎不见文人操刀。但到了清乾隆时期，刀工有所变化，当时雕刻的翡翠、玛瑙、珊瑚、宝石数量之多，居历代之首。其中用田黄、田白、鸡血红等石仿古，也是历代所不见的。虽然这些作品多为匠人制作，但当时也流行文人、词客参与，因此刀法精妙，可与六朝匹敌。自从清代道光以后，则大为逊色。我将古今的雕刻工艺，分为五大时期。他山之石，可以攻玉，这是用石作为工具琢磨玉的时期，最为远古。一变为西周的昆吾刀，再变为汉代的"汉八刀"，又变为六朝的巧雕，最后是清代乾隆朝的精刻。这都是一时追捧的风尚，因此精美制品较多。工艺技法与文化息息相关，岂能略谈小小技巧就行？犹如论及瓷器，必定提及柴窑、汝窑、官窑、哥窑、定窑；论及钱币，必定提及齐莒刀币、列国币、新莽货币、南朝梁武币、宋徽宗币、清代咸丰币。另外如唐代开元、宋代宣和、明代宣德、清代康熙的铸币，难道没有精品？因为不能移风易俗，所以传世稀少。何况近世铸币多用旋车装置，文化气息薄弱，不能上追古代，所以远不如古代刀工雕刻工艺。过去的人说：自从魏晋以来，未见昆吾刀，的确如此。但昆吾刀什么时候断绝，我就不知道了。若从双钩线碾琢玉器的方法来说，汉时已经另辟蹊径，失去了古趣，到现在用旋车制作玉器，则每况愈下。倘若再用机器制作，更是低俗丑恶，不堪设想，令人担忧。我曾与众多弟子讨论古玉，说：现在的玉石，不如古玉那般坚硬洁润，推想是地利退化的原因。现在的刀工，无论用单刀还是双刀，都不如古人刀工朴拙，这是文化技艺的退化，令人叹息。有人说，古玉坚硬洁润，是因为出土后风吹日晒，时间越长越能透出精光异彩，因此秦汉玉不及三代玉，六朝玉不及秦汉玉，唐宋元明玉不及六朝玉，这并非是玉质或刀工的过失。现在人不见昆吾刀，而用菊花铁冶炼的钢刀刻玉，却要在艺术上追三代古玉、抗衡秦汉玉、睥睨六朝玉，难道不是愚蠢的想法吗？这种说法，我觉得近乎情理。

[解析]

　　玉器的鉴赏有两个方面需要格外注意，除了玉石材质之外，雕刻刀工亦十分重要。作者在这一段中详细讨论了历代玉器刀工的风格变化，如汉代的放达，清代的精妙，让人能一下记住各个时期的刀工特征。关于刀工的论述有一定的道理，但仍有局限性，如认为新石器时期玉器没有刀工，这显然不符合事实，红山、良渚、凌家滩等出土的玉器均有不同风格的刀工。另外，作者认为用现代的旋车、机器制作玉器，比起古代工匠的人工琢玉缺乏古意、俗不可耐。这是所有古玉爱好者共同的观点。

昆吾刀之切玉

据所见周秦汉古玉,其刀工粗细不一。细者无论矣,粗者莫如汉八刀。而表现刀之快利,切玉如泥者,实千百中不一见。旧存一白玉虎文佩,遍体水银沁,大刀阔斧,随意乱刻,凹凸浅深,刀痕全然布露,使切玉如泥之真象,显然易见,亦不易得之奇品,可珍也。

[译文]

据我对看过的西周、秦、汉古玉观察,它们的刀工粗细不同。精细的不去评论了,粗犷的都不如"汉八刀"。而能表现刀的锋锐,切玉如切泥一样的玉器,千百之中不见一例。我曾旧藏一件白玉虎纹佩,遍体水银沁色,刀工犀利,随意潇洒,凹凸深浅错综,刀痕一目了然,形象地展现了切玉如泥的情景,是一件不可多得的奇品,十分珍贵。

虎形佩　战国早期　湖北随州曾侯乙墓出土

龙形佩　战国　美国哈佛大学福格美术馆藏

[解析]

传说昆吾刀能切玉如泥,用此工具雕琢玉器,得心应手,作者也专门列一条目介绍收藏玉器中所见"昆吾刀"的锋利刀工。但这种工具是否真实存在,是否是琢玉的工具,哪一类才是,怎样使用,目前不得而知。

各国玉工之比较

印度之石刻画像,鉴古家多称在五千年以上,独未见出土之古玉。欧美之制作钻石,非不精美,独未闻有制玉之奇技。至于洋钱之正面,双凤凤骠马剑四工双柱,以及阇婆①之剪银叶②,骠国③之铸金钱,日本德川氏之箝金、鎏金,均甚工致,但亦少制玉之工。即因墀④所献天寿永昌之玉钱千缗⑤,十年始成,费工不为不久,而未见有出土之古玉,可见成周⑥时代玉人之设,其重玉,全球之冠,故其刀工,亦远胜他国也。

[注释]

①阇(shé)婆:亦称"阇婆达",古国名,在今印度尼西亚爪哇岛或

镏金青铜木质宝塔　日本室町时代（15世纪）
日本奈良博物馆藏

玉币　宋代　北京房山金代石椁墓出土

苏门答腊岛。

②银叶：阇婆国的一种钱币，形状为银叶（片）。

③骠（piào）国：古国名，在今缅甸境内。

④因墀：古文献中记载的一西域方国。晋王嘉《拾遗记·晋时事》："因墀国献五足兽，状如师子；玉钱千缗，其形如环。环重十两，上有'天寿永吉'之字。"

⑤缗（mín）：古代铜钱计量单位，相当于"串"。

⑥成周：西周时期的东都，又称雒邑，借指周公辅助周成王的兴盛时代。

[译文]

印度的石刻画像，鉴定学家都认为历史在五千年以上，却未曾见有出土的古玉。欧美制作的钻石，并不是不精美，但却从未听说有制玉一般的神奇技艺。至于西洋钱币正面有双凤、凤骊马、剑、四工双柱纹样，以及阇婆国的剪银叶，骠国的铸金钱，日本德川时代的箔金、镏金，它们的工艺都十分精致，但制玉的工匠很少。即使因墀国所献的"天寿永昌"的千串玉钱，十年才制成，耗费人工，但从未见有出土的古玉。可见我国成周时期设置"玉人"职位，十分注重制玉，称冠全球，所以刀工远远胜于其他国家。

[解析]

世界上有很多文明古国，但论制玉的工艺历史悠久，独具特色的话，唯有中国称冠全球。作者在这一段中通过比较各国的石刻、钻石、制币、黄金工艺，得出以上这一结论。

古玉之文字

夏用鸟篆①，商用虫鱼篆②，周用大篆③，皆刻阴文，藏于器内。秦兼大小篆④,汉用小篆,大篆者不多见,刻多阳文,露于器外。晋魏以后,隶楷并用,篆文甚少,故不易见。

[注释]

①鸟篆:篆体古文字,笔画美观,多做成鸟形,即文字与鸟形融为一体,或在字旁与字的上下附加鸟形作装饰。

②虫鱼篆:篆体古文字,指虫书,笔画故作蜿蜒盘曲之状,中部鼓起,首尾出尖,长脚下垂,犹如虫类身体的弯曲。

③大篆:又称"籀(zhòu)文",周朝晚期开始使用的文字,字体结构趋向整齐,奠定了方块字的基础,唐代出土的刻石文字"石鼓文"是目前可见的最接近籀文的代表。

④小篆:又名"秦篆",为秦朝丞相李斯所创,由大篆省改、简化而来,形体细长,匀圆齐整,笔致遒健,又名"玉筯篆"。

清乾隆御题诗玉圭 新石器时期 台北故宫博物院藏

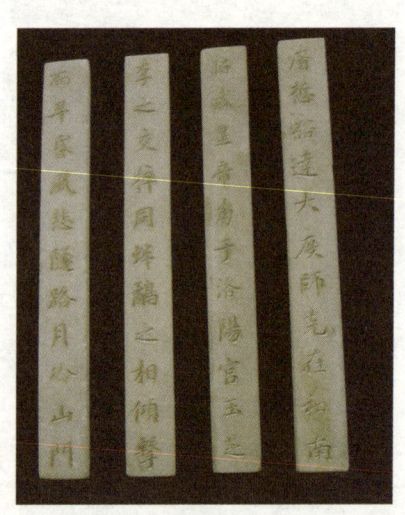

玉哀册 唐代 北京丰台史思明墓出土

[译文]

夏朝用鸟篆书,商代用虫鱼篆书,周朝用大篆书,均为阴刻文,藏在玉器内。秦朝有大、小篆,汉代用小篆,大篆不多见,多为阳文,露在玉器外表面。魏晋以后,隶书、楷书一起用,篆文很少,不容易看到。

[解析]

作者介绍了各个历史时期玉器上琢刻文字的字体特征,基本与文字本身的发展源流一致。但总体而言,玉器上很少出现文字。用较少的例子来总结时代的特征,这种做法或许陷入笼统的结论。

古玉后雕

庚辰冬①,魏君宜之同其友运来古玉大小三百余件,属余鉴别。因审视两昼夜,其中虽少精品,而佳者大可陈列,小可把玩之品,约有数十件。收藏数世,始能臻此,不易也。中有一黄玉琮,高八寸,四面阔约四寸,遍体沁作栗黄色,真三代物也。惜少刀工,而四面复刻山水,画片极工雅,知系宋元名家所刻。余为之惋惜,直以为方竹杖②之不宜圆,半月池之不应凿也。旋曹君伯舫来寓,见之曰:此等后刻,非近世所造。此等山水画片,非高手不能辨。嗜古者,每以为后刻不足贵,而东西洋③,则以为古玉后刻,乃双美耳。不但不以为病,且价值较之未雕之古玉,则尤贵也。曹君经理骨董商业有年,常与欧美人交易,故言之甚详,但余以为保存古物,应存其旧制,不宜强加雕琢,致伤原器,而减古趣,令把玩时,不惬于心。

八骏纹玉扳指　清代　上海市文物管理委员会藏

玉琮　西周　陕西长安张家坡170号墓出土

[注释]

①庚辰：刘大同一生经历的庚辰有二，一为1880年，时刘大同方十五岁；二为1940年，此时书已成。故此处疑为甲辰年。

②方竹杖：方竹制作的手杖。方竹，竹之一种，外形微方，质坚，可供观赏，古人多用以制作手杖。

③东西洋：东洋人主要指日本人，西洋人主要指欧美人。

[译文]

甲辰年（1904）冬季，魏宜之先生同其朋友，运来大小三百多件古玉，请我鉴别。我看了整整两天两夜，其中虽然精品不多，但也有质量上佳的，大的可以陈列展出、小的可以把玩的共有几十件。玉器收藏数代，能够有如此规模，并不容易。其中有一件黄玉琮，高二十六厘米，四面阔约十三厘米，遍体沁成栗黄色，是真正的三代古玉。琮素面少刀工，但四面后刻上山水，画面工整雅致，是宋元的名家所刻。我觉得可惜，一直认为方竹制作的手杖不宜圆，天然的半月池不必人工凿。（因而三代的古玉琮不该后刻纹饰。）不久曹伯舫来我住处，见到后说："这种后刻纹饰，并不是近代人所为。这类山水画片，不是鉴定高手就不能分辨。喜欢古物的人，都以为后刻不足珍贵；但洋人们却觉得古玉加后刻，是两全其美的事，不但不是毛病，且价值还高于未雕的古玉。"曹经理经营古董多年，常与欧美人交易，所以言之凿凿。但我认为保存古物，还是应该维护它的旧貌，不适宜强加雕琢，以伤害原器，减低古趣，令人把玩时，不能惬意舒心。

[解析]

作者介绍了出土古玉被后人加刻纹饰的现象，因为这样的古玉新雕会迎合市场上一部分人的审美口味，如欧美买家。但作者认为古玉后雕并不好，会破坏古意，损伤原器。

刻　印

考之用钵①，始于周官②，佩印见于六国③。古钵之传于世者，金银铜已少见，而玉钵尤希。据余所见者，若鲁司寇④齐都司蒸彝⑤钵等，刀法皆古，洵不易得。到秦之传国钵，相传斯篆寿刻亦难深信，惟自汉八体书法⑥成立，五曰摹印⑦，以后已属专门，而刻印之风大炽。汉人制印，不独用玉，而用玉者亦极多。其刀工亦皆古雅，是以收藏家皆珍之。按昆吾刀，切玉如泥，西戎利刀，割玉如割木。汉去周未远，或用此刀，亦未可知。但所刻鼻纽、龟纽、坛纽、瓦纽、龙虎纽、虬螭纽，种种无不精妙。晋魏六朝逊之，至唐宋则相去远矣。自元王冕⑧善刻花乳石，风气为之一变。故明清至今，文人均以田黄，鸡血红，芙蓉白，苹果青诸色为贵，其价值且超过于玉者百倍。盖以石质松软，易于操刀，不似玉质坚硬，而难刻也。故近代之能刻玉者，则更少矣。现在出土玉印，尤足宝贵。余存有汉张留侯⑨私印，文曰良子房，白玉质，瓦纽，受水银沁过半；晋羊叔子⑩印，龟纽，直同黑漆，古质不可辨。两印刀工精劲，异于寻常，故常佩之，重其人也。族弟法三，由邛王冢

皇后之玺　西汉　陕西咸阳狼家沟出土

狮纽玉印　明代　江西博物馆藏

得一玉印，满身鱼子斑，质不能辨，持赠于余。用灰提法制之，文曰虞年伏，斗纽，亦有古趣。又见友人廉南湖，存有清乾隆御用一田黄石印，色如脱胎古玉，三绳联环纽，长约盈尺，下垂三印，其小异常精品也，古玉印，曾未见有此式。

[注释]

①钛（shù）：长针，这里指用于刻印的长针状工具。

②周官：即《周礼》，儒家经典之一，相传由西周的周公旦所著，战国重修，搜集了周王室官制和战国时代各国制度，添附了儒家政治思想。

③六国：指战国时的齐、楚、燕、韩、赵、魏六个国家。

④鲁司寇：鲁国的司寇。司寇，古官名，掌管刑狱、纠察等事。

⑤彝（yí）：古代祭祀时用的青铜礼器。

⑥汉八体书法：此处有误，应为"秦八体书法"。秦始皇统一中国后，废除六国文字，定书体为八种，又称秦书八体，主要指大篆、小篆、刻符、虫书、摹印、署书、殳书、隶书。

⑦摹印：秦书八体之一，写刻在玺印上的文字，字体为小篆稍加变化。印材有大小，写刻之前须予以规画，即为"摹印"的道理。

⑧王冕（1287—1359）：字元章，号煮石山农，元代诗人、文学家、书法家和画家，擅长刻印，用花乳石作印材，相传是他始创。

羊纽玉印　西汉　江苏盱眙东阳3号墓出土

玉印　西汉　安徽天长三角圩汉墓出土

⑨张留侯：张良（约公元前250—前189），字子房，汉高祖刘邦的谋臣，杰出的军事家，汉王朝的开国元勋之一。

⑩羊叔子：羊祜（221—278），字叔子，博学能文，清廉正直，西晋著名的战略家、军事家和政治家。

[译文]

　　经考证，使用钵，开始于周官，佩戴印章则在六国。古代的钵流传于世的，金、银、铜质的已经不多见，而玉质的更为稀有。据我所见，像鲁国的司寇、齐都司蒸的彝、钵等，刀法十分古朴，不容易得到。到了秦朝的传国钵，相传李斯刻小篆"寿"字，令人难以信服。自从秦代的八体书法创立，第五书体为"摹印"，之后属于专门类别，刻印的风气开始大为盛行。汉代人制印，不是只用玉，但玉印数量很多。它们的刀工古朴雅趣，收藏家都钟爱。附：昆吾刀，切玉如泥，西戎的利刀，割玉就像割木材。汉代距离周朝并不久，是否用这些工具刀，不得而知。但汉代雕刻的鼻纽、龟纽、坛纽、瓦纽、龙虎纽、虬螭纽，每一种都精妙绝伦。魏晋六朝的刀工稍差，唐宋的则相去甚远。自从元代王冕善于雕刻花乳石之后，风气一变。明清至今，文人们均以田黄、鸡血红、芙蓉白、苹果青各种颜色为贵，它们的价值都超过白玉百倍。因为石质松软，容易雕刻，不像别的玉玉质坚硬无比,难以雕刻。所以近代以来能够刻玉的人,越来越少。现在出土的古玉印,十足宝贵。我收藏有一枚汉代的张留侯私印,印文"良子房",白玉质地,瓦纽,水银沁过半;一枚西晋的羊叔子印,龟纽,颜色如同黑漆,质地不能分辨。这两枚印章刀工精劲,非同寻常,我又十分尊崇印章的主人,故经常佩戴在身。我的族弟法三,从邛王墓中获得一枚玉印,满身鱼子斑,质地不能分辨,拿来送给我。我用灰提油法处理后,可见印文为"虞年伏",斗形纽,也有古趣。又见友人廉南湖收藏一枚清乾隆帝御用的田黄石印,色泽如脱胎后的古玉,印纽为三绳连环,长约一尺多,纽下垂挂三个小印,异常小巧精致,古玉印中未曾见过这种式样的。

[解析]

古代皇帝用印称为"玺",其余称为"印"。作为个人身份地位的象征,印章历来是皇权贵族的重要文房用品。而用玉制的印,更是不可多得的珍贵品。作者在这一段中介绍了历代玉印的发展脉络、时代特征及制印工具;亦考证了元朝以后文人骚客用花乳石、田黄石制印的历史。

盘玉之法

凡出土旧玉,干坑者,多土蚀;水坑者,多水锈;火坑者,多干燥。虽有最美之色沁,如无盘功,则隐而不彰,玉理含而不露之浅淡色,更不易见。况污浊之气,尤难退净,欲其变宝石色,不亦戛戛①乎其难哉。故盘玉者,当知有急盘、缓盘、意盘三法。急盘须佩于身边,以人气养之,数月质稍硬,然后用旧布擦之。稍苏,再用新布擦之,带色之布,切不可用,以白布粗布为相宜。愈擦则玉愈热,不宜间断。若昼夜擦之,灰土浊气燥性自然退去,受色之处自能凝结。色愈敛而愈艳,玉可复原,此急盘之法也。缓盘须常系腰中,借人气养之,二三年色微变,再养数年,色即鲜明,佩至

  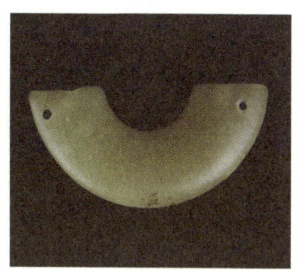

玉璧　东汉　河北定县中山穆王刘畅墓出土　　玉璧　战国　河北邯郸百家村出土　　玉璜　商代晚期　山西灵石旌介村出土

十余年后，或可复原。此言秦汉之旧玉，若三代古玉，非六七十年，不易奏效。诚以玉入土年愈久，而盘愈难。因其所受地气，深入玉骨，非常年佩之，而精光未易露出也，此缓盘之法也。意盘之法，人多不解，必须持在手内，把玩之，珍爱之，时时摩挲②。意想玉之美德，足以化我之气质，养我之性情，使我一生纯正而无私欲之蒙蔽。至诚所感，金石为开，而玉自能复原矣，此意盘之法与急盘缓盘之法不同，面壁③功夫，能者鲜矣。夫三代古玉，盘之年久，皆能脱胎。脱胎者渣泽净尽，清光大来，直同成仙者脱去凡胎之意也。闻之宝石珊瑚等类，入土年久，亦多土蚀，得人气养之，亦能还原，惟蚌珠入土百年后，便成灰土。若入土年代较近之玉，其体尚坚，尽可用灰提法煮之，再用猪鬃刷，或麸皮袋，或樱老虎，或米粉袋等物，盘之，立见功效，以其与入土年久，体松质软者，不同故也。但盘时须看火候，过与不及，均于玉有伤，不如人气养之之为愈也。癸丑出亡日京时，见中国菜馆，有蓬莱戚姓，腰系一黄玉系璧，雕以云雷纹，受红白黑三色沁，形如宝石。余欲购之，渠云是其先人戚元敬先生所遗，今十余世矣，家中所存旧物，仅余此耳。余为之惋惜者久之。

[注释]

①戛戛：形容困难、费力。

②摩挲（mó suō）：抚摸，抚弄，这里指对玉器的把玩、欣赏。

③面壁：佛教用语，面对墙壁默坐静修。

[译文]

　　凡是地下出土的旧玉，出自干坑的，大多受到土蚀，出自水坑的，往往遭受水锈，出自火坑的，大多干燥。即便古玉带有非常美丽的色沁，如果不经盘玉之功，则隐藏着不能显示，如果玉是含而不露的浅淡色纹理，更是不容易见到。其中的污浊之气，难以消退干净，要想让古玉变回宝石色泽，岂不是难上加难啊。所以盘玉的人，要掌握急盘、缓盘、意盘三种方法。急盘需要将玉佩戴在身边，以人体的精气养着，几个月后玉质稍微变硬，用旧布擦拭；稍露出原来光泽，再用新布擦拭。有颜色的布，切忌使用，以白布、粗布最好。古玉越擦拭越发热，不应间断。若白日黑夜连续擦拭，玉器的灰土、浊气、干燥感自然退去，受沁的地方自然凝结，沁色敛聚则颜色越是鲜艳，古玉的光彩就能复原，这就是所谓的急盘法。缓盘需将古玉常系在腰间，借助人体精气养着，两三年后颜色微变，再养几年，色泽即泛亮，佩戴到十多年后，或许可以完全恢复旧有光泽。这说的是秦汉时期的古玉，若是三代古玉，非得要六七十年才能奏效。诚然玉器埋在地下，年代越久越难盘出。因为古玉受到地气侵蚀，深入玉骨，必须长年佩戴，精光才会显露出来，这是缓盘的方法。意盘的方法，人们多不理解，必须将古玉拿在手里，时时把玩它，观赏它，抚摸它。并且臆想玉的美德，足以感化我的气质，颐养我的性情，使我一生纯洁正直，不被私欲蒙蔽。精诚所至，金石为开，在这种意念下，古玉自然能够复原旧貌，这就是意盘法与急盘法、缓盘法的不同，需要有深厚的面壁冥思的功夫，能够做到的人很少。三代古玉，盘摩时间长，都能脱胎恢复。脱胎后的古玉，去尽渣滓，大透清光，简直如同成仙者脱去凡胎一样。听说宝石、珊瑚等类，埋入地下年久，也多土蚀，得到人体精气养育，也能还原，唯独蚌珠埋入地下百年之后，便化成灰土。如果是入土年代较短的古玉，器体还坚致的话，尽可能用灰提油法煮，再用猪鬃刷，或者用麸皮袋、樱老虎、米粉袋等物盘摩它，立即可见功效。它与入土年代久远、质地疏松的古玉是不相同的。但盘玉时须看火候，过与不及，都对古玉有伤害，不如人体精气养育那么好。1913年我流亡日本东京时，看到一家中国菜馆里，有一位来自山东蓬莱的戚姓人，腰间系了一块黄玉系璧，雕刻云雷纹饰，有红、白、黑三色沁，形同宝石。我想买下来，但对方说这是他先人戚元敬先生传下来的，至今已经相传十多代，家中保存下来的古物，也就这件玉璧了。我未能得到，为此惋惜了很久。

[解析]

出土古玉因地下埋藏环境不同，会有不同的锈蚀和沁色，暗淡不显，因此需要盘摩，以还原本色为贵。盘玉是玉器收藏者的最大乐趣之一，也是衡量玩玉经验和功力的重要标准。作者在这一段生动详细地介绍了三种盘玉的方式：缓盘、急盘和意盘。

盘玉之难易

出土古玉，以还原为贵。欲古玉还原，非盘之不为功。但盘有难易之别。易盘者，其质地轻松，故色沁虽浓厚，亦易盘出；难盘者，其质地坚洁，故色沁虽浅薄，亦难盘出。是以三代以上之玉，色沁虽薄，亦非数十年之盘功，不能生效。族弟绍臣，赠一黄玉璜，刀法深秀，水银沁，薄如蝉翼，云系燕庭公[①]所遗，至今尚未盘出。秦汉之玉，盘须十余年；六朝之玉，色沁虽极透，但盘之二三年，即状如水晶。谚语云：旧玉盘三伏[②]，犹胜三年余。盖以三伏炎热，金石皆能出汗，故易盘耳。若严冬盘玉，非在暖室，不易生效。凡嗜古玉者，皆欲亲自把玩，如生坑[③]而能经亲手盘出者，较之熟坑[④]则尤妙。此中原理，以亲手所盘之玉，年愈久情愈深故也。

古玉辨

玉环 西汉 安徽天长三角圩汉墓出土

玉璜 西汉 北京丰台大葆台1号墓出土

[注释]

①燕庭公：孔令贻（1872—1919），字谷孙，号燕庭，孔子七十六代嫡孙，袭封衍圣公。

②三伏：一年中最炎热的时候，有初伏、中伏、末伏三个阶段。

③生坑：指墓葬中出土的古玉，没有经过任何处理，玉器本身黏附着各种沉积物质。

④熟坑：指流传于世，或已出土多年，经过人们的把玩、摩挲，盘活后的玉器。

[译文]

出土的古玉，以还原本貌最为重要。而古玉的还原，必须借助盘摩功夫，但盘玉有难易的区别。容易盘的玉，质地轻盈松疏，色沁即便浓重，也容易盘出；难盘的玉，质地坚硬洁润，色沁即便浅薄，也很难盘出。因此三代以前的古玉，色沁即使薄，也必须花数十年的功夫，才能盘出。族弟绍臣，赠给我一件黄玉璜，雕工深沉秀气，水银色沁薄如蝉翼，说是燕庭公遗传下来的，至今尚未盘出。秦汉的玉器，须盘摩十多年；六朝的玉器，色沁即便通透，只要盘二三年，即可形如水晶。有谚语说："旧玉盘三伏，犹胜三年余。"就是说，三伏天气炎热，金石古物都会出汗，所以容易盘活。若是在严冬盘玉，非得在温暖的室内，不然不会生效。凡是爱好古玉的人，都想亲自把玩，如果生坑的玉经过自己亲手盘出，比起那种熟坑的玉来感觉更加美妙。此中的道理是：亲手盘摩古玉，时间越长感情越深啊。

[解析]

盘玉是门深功夫，常常为收藏者津津乐道。继上段介绍了三种盘玉方式之后，作者在这一段中主要讲述盘玉的难易程度、注意事项以及历代玉器盘摩所费的时间和功夫。

古玉活血之经验

辛亥余在安图独立①时，因戒烟身受左臂麻木之病，经医治年余未愈。友人云古玉能活血，佩于腰中古玉虽多，不如佩之腕上。爰②将旧存之碧玉钉圈③，佩于左腕，昼夜不去。今二十余年矣，左手麻木之病全除。或云是用左手书画之力。余曰左手画画，尚有间断之时，古玉佩之二十余年如一日，其活血之力，确有经验。况左手书画仅十余年，未用左手以前而病已去矣，故深信古玉活血之有效。

[注释]

①安图独立：作者刘大同清末加入同盟会，1911年辛亥革命爆发，即高举义旗响应，在吉林安图举义、成立"大同共和国"，旋即因清军镇压失败。

②爰（yuán）：于是。

③钉圈：环状的装饰物。

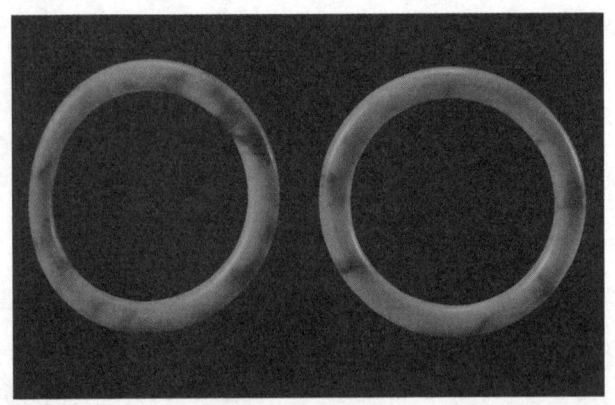

翡翠镯　清代　安徽五河县出土

[译文]

　　1911年我在吉林安图举义独立时，因为戒烟的缘故，患有左臂麻木的疾病，经过一年多的治疗未能痊愈。朋友说："古玉能够活血通络，佩戴在腰间的古玉虽然很多，不如直接佩在手腕上。"于是我便将旧藏的碧玉钉圈，佩戴在左腕上，昼夜不取下。至今二十多年了，左手麻木的疾病已完全根除。也有人说是因为我用左手写字作画的原因。我说，我用左手画画，尚有间断的时候，而佩戴古玉二十年如一日，它的活血功能，我确有亲身体验。何况我用左手写字作画仅十多年，这之前麻木病已经好了，所以我深信古玉具有活血的功效。

[解析]

　　作者根据亲身经历认定佩戴古玉具有活血的功效，为佩玉可以延年益寿之说提供了确凿的证据。

古玉防险之见闻

　　里中有瓦匠胡姓，夏日浴于小浯河，在沙中淘出一玉铲，既无刀工，又无色沁，惟受土蚀甚深，带有栗黄色，即用作烟荷包①坠石。后为赵姓筑室，正上梁时，忽而失足坠地，而毫无所伤，及视腰中坠石裂痕数处，此余之所见者。在上海澡塘塘役②，见余左臂所佩，即云日前有一老叟，八十余亦在此房沐浴，出浴时晕倒于地，吾辈大惊，急扶起而老者无恙，惟左玉臂琢则粉碎矣，老者为之痛惜，曰：此三代玉钏圈也，舍此危矣。并将碎玉数件，捡而藏之而去，此余之所闻者。至少时所闻族兄鹤峰，坠马于石崖，老仆杨桂，醉落于桥下，皆因佩有古玉，以致未受危险者也。今之乘飞机者，往往购一古玉佩之，以防险，亦心理之作用也。

玉环　商代晚期　河南安阳妇好墓出土

玉饰　北宋　江西永新刘瑾墓出土

[注释]

①烟荷包：装烟丝用的小袋子，多用绸布缝制，上面刺绣花鸟兽鱼、典故人物和吉祥图案。

②塘役：澡堂里的打杂人员。

古玉辨

[译文]

　　同街坊有一位胡姓瓦匠,夏天在小浯河游泳,在沙中淘出一把玉铲,没有刀工,也没有色沁,唯有土蚀很深,带有栗黄色,便用作烟荷包的坠石装饰品。后来胡瓦匠为赵姓人家建房子,上梁的时候,忽然失足掉落,毫发未伤,而腰间的玉铲坠石却有几处裂痕,这是我见到的古玉防险故事。上海澡塘的一位工作人员看到我左臂佩有玉器,就讲了这样一件事:"前不久有一位老头,八十多岁了在这里洗澡,出浴时突然晕倒,我们大惊失色,急忙搀扶起他,老人家安然无恙,但左臂戴的玉镯粉碎了,老人十分痛惜,说:'这是三代的玉釭圈,没有它就危险了啊!'并将几件碎玉片捡起来收藏好离去。"这是我听到的古玉防险故事。早在小时候就听说族兄鹤峰,石崖边坠马,老仆人杨桂,酒醉倒于桥下,都因为佩戴了古玉,他们才化险为夷。现在人乘坐飞机,往往都买一块古玉佩戴身边,用以防险,这也是一种心理作用。

[解析]

　　古玉爱好者往往相信佩戴古玉可以借助玉的灵气,逢凶化吉,辟邪安神。作者根据自身的所见所闻,讲述了几个关于古玉避灾防险的故事。

石器时代之玉

　　上古未开化以前,皆用石器。玉为石之精,故玉器尤重。今见出土之玉斧玉铲等器,粗笨异常,不事雕琢。穿孔处两面大小不同,亦不甚圆整。是为茹毛饮血之用,故敲槌斩切之痕,毕露于外,即此可知其为石器时代所遗之物也。至石器不存于世者,以石质松不坚,入于土中,受地气蒸之,则易破碎,且不能容群色之沁,故不能如玉之寿世①。若秦汉以后,采药之铲,切药之刀,亦时有出土者。特以制作与上古不同,尤有带花纹者,均少古拙之

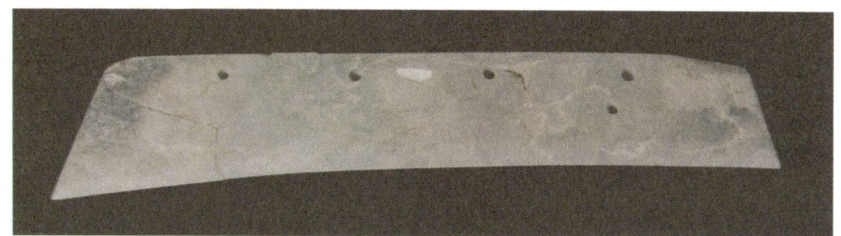

玉刀　新石器时期　甘肃古浪县峡口村出土

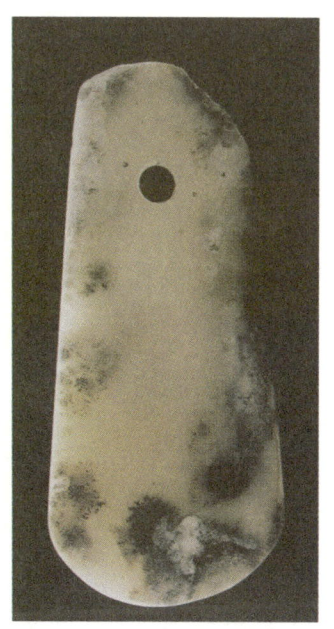

玛瑙钺　新石器时期　安徽含山凌家滩遗址出土

玉铲　新石器时期　河南南阳黄山遗址出土

气,留心察之,自不难辨。

[注释]

①寿世:原意造福世人。这里指长寿于世。

[译文]

上古时期还未开化之前,都用石器。玉是石头中的精华,所以古人对玉器尤为看重。现在看到出土的玉斧、玉铲等器,粗糙笨重,素面无纹。穿孔的地方两面大小不同,也并不圆整。正因为这些玉工具在茹毛饮血的环境中使用,表面遍布着敲击、槌打、砍斩、切割的使用痕迹,据此可知是石器时代的遗物。至于一些石器不能保存到现在,是因为石头质地疏松不坚密,埋入土中,受到地气的熏蒸,容易破碎,也不能容纳各种色沁,所以不能像玉一般长久保存于世。秦汉以后,采药的铲子、切药的刀具,不时会有出土,它们的制作方法与上古时期不同,也有带花纹的,但都缺少古拙气息,只要留心观察,不难分辨。

[解析]

作者在这一段中讲述了对出土的石器时代玉器的看法和观点,说明当时他已经接触到刚刚传入不久的考古学知识,已知有"石器时代之玉",并用"古拙之气"一词形容,这是一种进步。

祭祀所用之玉

《周礼·大宗伯》曰:以玉作六器,以礼天地四方。以苍璧礼天,以黄琮礼地,以青圭礼东方,以赤璋礼南方,以白琥礼西方,以玄璜礼北方。又曰:凡祀大神,享①大鬼,祭大示②,奉玉齍③。《典瑞》曰:四圭有邸④以祀天,旅⑤上帝;两圭有邸以祀地,旅四望⑥。祼圭⑦有瓒以肆⑧先王,以祼⑨宾客。圭璧以祀日月星辰,璋邸射⑩以祀山川，以造赠宾客。璩圭璋璧琮，缫⑪皆二采一就⑫，以眺聘⑬。驵圭、璋、璧、琮、琥、璜之渠眉⑭。疏：璧琮以殓尸。《礼记·明堂位》：灌⑮用玉瓒⑯大圭，荐⑰用玉豆雕篹⑱，爵⑲用玉琖⑳仍，加以璧散、璧角㉑。此皆三代时之以玉为礼器者也。按三代礼器均系出土古玉，未见有传世古者。如或见之，亦知其为后世仿古者所私造。盖传世古，晋魏六朝已不多见，有之均系古寺所藏，唐宋之物尚多。

[注释]

①享：贡献，上供。这里指把祭品、珍品献给大鬼。

②大示：殷墟卜辞中常见，大意为商代的上甲至示癸六位君主。此处应为周之宗庙之一。

③齍（zī）：古代盛谷物的祭器。

④邸（dǐ）：本也，这里指"角"。

⑤旅：陈列祭品以祭祀。

⑥四望：古代祭祀中的四方山川及其神灵。

⑦祼圭：指长度为一尺二寸的玉圭。

玉琮　新石器时期　江苏武进寺墩4号墓出土

玉圭　西汉　陕西咸阳汉成帝陵园遗址出土

⑧肆：祭祀名，进献解体的牲畜。

⑨祼：祭祀名，用酒招待。

⑩邸射：古代一种玉器名，用于祭祀山川。郑玄注："璋有邸而射，取杀于四望。"

⑪缫（sāo）：系玉的丝绳。

⑫就：量词，匝。

⑬眺（tiào）聘：眺，视也。古代诸侯聘问相见之礼。

⑭渠眉：玉饰上的凸起的花纹。

⑮灌：古代祭祀的一种仪式，斟酒浇地祭神。

⑯瓒（zàn）：古代祭祀时用的像勺子一样的玉器。

⑰荐：进献人才。

⑱篆：纹饰。

⑲爵：授予官爵。

⑳琖（zhǎn）：同"盏"，小杯子。

㉑璧散、璧角：古代祭祀时所用的玉爵、角杯。

[译文]

《周礼·大宗伯》载："以玉作六器，以礼天地四方。以苍璧礼天，以黄琮礼地，以青圭礼东方，以赤璋礼南方，以白琥礼西方，以玄璜礼北方。"又载："凡祀大神，享大鬼，祭大示，奉玉盠。"《周礼·典瑞》载："四圭有邸以祀天，旅上帝；两圭有邸以祀地，旅四望。祼圭有瓒以肆先王，以祼宾客。圭璧以祀日月星辰，璋邸射以祀山川，以造赠宾客。瑑圭璋璧琮，缫皆二采一就，以眺聘。驵圭、璋、璧、琮、琥、璜之渠眉。疏：璧琮以殓尸。"《礼记·明堂位》："灌用玉瓒大圭，荐用玉豆雕篹，爵用玉琖仍，加以璧散、璧角。"这些都是夏商周三代时以玉器作为祭祀礼器的例子。附：三代玉礼器都是出土古玉，未尝看到有传世古玉。如果有人看到，也应该知道这是后世仿古者伪造出来的。传世古玉，在魏晋六朝时已不多见，有的话都是古寺庙收藏，以唐宋时期的古物最多。

[解析]

作者用文献讲述了夏商周时期玉器作为祭祀礼器的例子，但这些记述很难找到出土的对应物，亦很难复原当时的祭祀场景。同时作者还认为传世古玉多系唐宋时期之物，三代全是出土古玉，六朝之物不多见。这一观点有失偏颇。传世古玉和出土玉古并非绝对概念，如后世墓葬出土前代玉器，或传世玉器埋入地下变成出土玉器，这些例子在考古中经常发现。

朝会[①]所用之玉

《舜典》曰：辑五瑞[②]。又曰：班瑞[③]于群后[④]。孔氏传：瑞为公侯伯子男之圭璧[⑤]。《大宗伯》曰：以玉作六瑞，以等邦国。犹之秦汉以来，颁[⑥]分金银铜之官印也。《典瑞》曰：王搢[⑦]大圭，执镇圭，缫皆五采[⑧]五就，以朝日[⑨]。公执桓圭，侯执信圭，伯执躬圭，缫皆三采三就。子执谷璧，男执蒲璧，缫皆二采再就。以朝觐[⑩]宗遇会同于王，诸侯相见亦如之。《太宰》曰：赞[⑪]玉几[⑫]玉爵[⑬]。《玉府》曰：若合诸侯则共珠盘玉敦[⑭]。此乃朝会所用之

金托玉爵杯　明代　北京昌平定陵地宫出土

镏金银盘玉杯　明代　北京昌平定陵地宫出土

玉，出土者以带有黑漆古、铁莲青、朱砂斑、酱紫斑、茄皮紫、鹦鹉绿、鸡骨白等色沁为最贵。

[注释]

①朝会：谓诸侯、臣属及外国使者朝见天子。

②五瑞：古代诸侯作符信用的五种玉，即《周礼·典瑞》中孔颖达疏："公执桓圭，侯执信圭，伯执躬圭，子执谷璧，男执蒲璧。"

③班瑞：颁还瑞玉。

④群后：四方诸侯及九州牧伯。

⑤圭璧：古代帝王、诸侯祭祀或朝聘时所用的一种玉器。

⑥颁：应为"颁"，刊误。

⑦搢（jìn）：插，指插入腰间的绅带之间。

⑧五采：即"五彩"，青、黄、赤、白、黑五种颜色。

⑨朝日：春分时天子朝日于东郊之礼。

⑩觐（jìn）：朝见君主。

⑪赞：通"瓒"。

⑫玉几：玉饰的矮桌。

⑬玉爵：玉制的酒杯。

⑭敦（duì）：盖身两部分，上下叠合而成的一种食器形制，常见于青铜器中。

[译文]

《尚书·舜典》载"辑五瑞"，又载"班瑞于群后"。孔氏传："瑞为公侯伯子男之圭璧。"《周礼·大宗伯》载"以玉作六瑞，以等邦国"，好像秦汉以来，颁分金质、银质、铜质的官印一样。《周礼·典瑞》载："王搢大圭，执镇圭，缫皆五采五就，以朝日。公执桓圭，侯执信圭，伯执躬圭，缫皆三采三就。子执谷璧，男执蒲璧，缫皆二采再就。以朝觐宗遇会同于王，诸侯相见亦如之。"《周礼·太宰》载："赞玉几玉爵。"《周礼·玉府》载："若合诸侯则共珠盘玉敦。"以上都是朝会使用的玉器，出土中带有黑漆古、铁莲青、朱砂斑、酱紫斑、茄皮紫、鹦鹉绿、鸡骨白等沁色的，最为珍贵。

[解析]

作者通过古文献的记载，介绍了古代朝会时不同等级的人使用的礼仪玉器种类和性质。

服食所用之玉

古人以旒①垂冕，以璂饰弁②，以瑱③充耳，以鸠④首作杖，以鞞琫⑤容刀，以琼琚⑥节步。《玉藻》曰：古之君子必佩玉，是以君子在车，则闻鸾和⑦之声，行则鸣佩。此言服用之玉也。《玉府》曰：王齐⑧则共玉食。《典礼》曰：大丧⑨共饭玉⑩含玉，此言食用之玉也。此等古人日用之玉，出土者，每有牛毛纹，无有恐多伪造，盖因器小而易伪也。余得一白玉璂，刀工极精致，系吴子苾⑪藏。一白玉琫，有璊斑，极鲜妍，系陈寿卿⑫所藏。物小而精，亦足贵也。

古玉辨　　103

金玉腰带　唐代　陕西长安唐窦皦墓出土

[注释]

①旒（liú）：古代帝王礼帽前后悬垂的玉串。

②弁（biàn）：古时的一种官帽，通常配礼服用。

③瑱（tiàn）：古人冠冕上分垂于两耳侧的玉饰。

④鸠（jiū）：鸠鸽科的鸟的泛称。古代头上刻有鸠形的手杖，称为鸠杖，古代政府以之赐予年过七十的老者。

⑤鞞琫（bǐng běng）：鞞，刀鞘；琫，刀鞘上饰品。这里指刀鞘上的装饰物。

⑥琼琚：精美的玉佩。

⑦鸾和：鸾与和，指古代车上的两种车铃，均为金制。

⑧王齐：齐，通斋。王斋，王的斋戒素食仪式，表示对神的虔诚。

⑨大丧：指帝王、皇后、世子的丧礼。

⑩饭玉：古丧礼中用以纳于死者之口的碎玉。

⑪吴子苾：即吴式芬（1796—1856），字子苾，清朝著名的金石学家。

⑫陈寿卿：即陈介祺（1813—1884），字寿卿，号簠斋，清末著名的金石学家和收藏家。

[译文]

　　古人用璪来做帝王冠冕的垂饰，用瑻装饰弁，用瑱做耳侧的玉饰，用鸠首做手杖的装饰，用鞞琫装饰刀鞘，用精美的玉佩节制步行仪态。《玉藻》载"古之君子必佩玉"，因此君子乘车，能听到车铃声，君子行走，能听到随身的玉佩声。这些说的是古代人服饰用玉。《玉府》载"王斋则共玉食"，《典礼》载"大丧共饭玉含玉"，这是讲古代人食用的玉。这一类古人日常生活所用到的玉，出土时都有牛毛纹，如果没有牛毛纹，恐怕多是伪造的，因为器物小巧，比较容易伪造。我有一件白玉瑱，刀工十分细致，由吴式芬收藏过；一件白玉琫，有瑀斑，色泽鲜艳，由陈寿卿收藏过。这两件玉器小而精巧，十分珍贵。

[解析]

　　作者通过古文献的记录，介绍了古人日常生活中服饰用玉和食用玉器的种类和使用方式，并指出这类玉器通常都有牛毛纹，或因日常使用的关系。

交际所用之玉

　　古以玉帛为币，用作交易，并作馈赠之品，《诗》云：投我以木桃，报之以琼瑶。又云：杂佩以赠之，从可知矣。《荀子》曰：绝人以玦①，召人以瑗②。瑗者，友好相见以瑗，援之以升阶示敬也。如瑗之类，出土者必多土蚀，而少色沁，以含殓时离人身远故也。非殉葬而出土者，尚多见之。

[注释]

　　①绝人以玦：用玉玦表示与人决裂。

　　②召人以瑗：用玉瑗表示对人示好、召唤。

古玉辨　　105

透雕龙纹玉瑗 西汉 广州南越王墓出土

玉玦 新石器时期 江苏南京北阴阳营遗址出土

[译文]

古代把玉帛作为交易买卖的货币,也作为馈赠礼品,《诗经》说"投我以木桃,报之以琼瑶",又说"杂佩以赠之",从中可以得到证实。《荀子》说:"绝人以玦,召人以瑗。"友好相见用瑗作为信物,因为瑗的谐音"援",意指踏上台阶以表示敬意。像瑗之类的出土玉器,一定有很多土蚀,而比较少色沁,因为含殓时瑗一般都离尸体比较远。未用作殉葬而出土的瑗,还比较多见。

[解析]

作者根据古文献对古人在人际交往关系中使用到的玉器进行了介绍,如玉帛、玉玦和玉瑗。但这些文献并不符合实际的考古出土情况,如玉玦一般出土在墓主人耳侧,用作耳饰,玉瑗一般出土于手腕处,用作腕饰。

历代杂用之玉

古人征守及恤凶荒,则用珍圭;和难聘女,则用谷璧;治德结

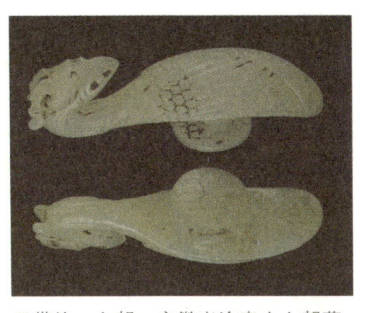
玉带钩　六朝　安徽当涂青山六朝墓出土

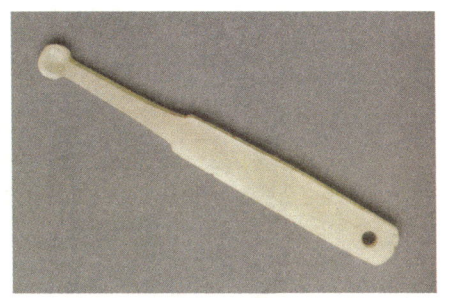
玉耳勺　春秋早期　陕西韩城梁代村墓出土

好,则用琬圭;易行除恶,则用琰圭;治兵守起军旅,则用牙璋。故五瑞之辑,玉人①之职,典瑞②之文,《郑风》《卫风》《小雅》之诗歌,《玉藻》《明堂位》之纪录,皆经史所备载,为人人所共知者。自秦汉以来名称尤多,印则曰玉玺,符则曰玉符,食则曰玉羹,饮食则曰琼浆,楼则曰琼楼,池则曰瑶池,居则曰玉屋,行则曰玉佩,册则曰玉册,函则曰玉函,辇则曰玉辇,笙则曰玉笙,管则曰玉管,砚则曰玉砚,杯则曰玉杯,钩则曰玉钩,瓶则曰玉瓶。各种杂用笔不胜书,况人曰玉人,人颜曰玉颜,容曰玉容,骨曰玉骨,脂曰玉脂,腕曰玉腕,趾曰玉趾,儿曰玉儿,女曰玉女。古人以人比玉,抑何重耶。今人乃以金银宝石,作器代玉,其俗彻骨,真可谓黄钟毁弃③,瓦釜雷鸣④,谗人高张⑤,贤士无名。言之令人浩叹,独不闻管子玉之美也,九德出焉⑥之语乎?

[注释]

①玉人:雕琢玉器的工人。《周礼·考工记·玉人》:"玉人之事。"贾公彦疏:"云玉人之事者,谓人造玉瑞、玉器之事。"

②典瑞:《周礼》中特设的专职管玉机构,从属于六卿的春官,其职能为"掌玉瑞、玉器之藏,辨其名物与其用事,设其服饰"。

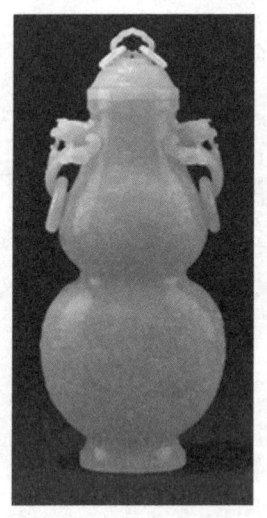

玉瓶　清乾隆　海外私人收藏

玉如意　清代　安徽庐江荣树出土

③黄钟毁弃：这一句出自《楚辞·卜居》，比喻贤才不用。黄钟，黄铜铸的钟，器形大而声音洪亮。

④瓦釜雷鸣：瓦釜，陶制的炊具，无声之物；雷鸣，发出很大的声音。

⑤谗人高张：谗人，进谗言的人；高张，位居高位而嚣张跋扈。

⑥玉之美也，九德出焉：管子认为玉有九种美德，见《管子·水地》："夫玉之所贵者，九德出焉。夫玉温润以泽，仁也；邻以理者，知也；坚而不蹙，义也；廉而不刿，行也；鲜而不垢，洁也；折而不挠，勇也；瑕适皆见，精也；茂华光泽，并通而不相陵，容也；叩之，其音清搏彻远，纯而不杀，辞也。是以人主贵之，藏以为宝，剖以为符瑞，九德出焉。"

[译文]

古代征召守国诸侯，救济灾荒时，用珍圭；和解冤仇，婚姻嫁娶，则用谷璧；修养德行，结盟友好，则用琬圭；改变行径，去除邪恶，则用琰圭；治理军队，调动兵力，行军作战，则用牙璋。所以《周礼》中的"五瑞"

辑录,"玉人"职责,"典瑞"文献,《诗经》中《郑风》《卫风》《小雅》的诗歌,《礼记》中《玉藻》《明堂位》的记录,都被经史文献记载下来,为人们共知。自秦汉以来玉器的名称特别多,印则称为"玉玺",符则称为"玉符",食品则称为"玉羹",饮食则称为"琼浆",楼宇则称为"琼楼",水池则称为"瑶池",居所则称为"玉屋",行走佩戴的则称为"玉佩",册简则称为"玉册",书函则称为"玉函",车辇则称为"玉辇",笙则称为"玉笙",管则称为"玉管",砚台则称为"玉砚",杯子则称为"玉杯",钩子则称为"玉钩",花瓶则称为"玉瓶"。各种杂用玉器的称呼,不胜书写。况且人称"玉人",人的脸面称"玉颜",容貌称"玉容",骨骼称"玉骨",脂肪称"玉脂",手腕称"玉腕",脚趾称"玉趾",男孩子称"玉儿",女孩子称"玉女"。古人用人来比作玉,称呼是何其多啊。现在人则用金、银、宝石做成的器皿,代替玉器,真是俗气入骨,可谓是"黄钟毁弃,瓦釜雷鸣,谗人高张,贤士无名"。谈到此事,不免令人长叹,难道都没有听过管子的"玉之美也,九德出焉"的话吗?

[解析]

作者介绍了古代文献中的各种杂用玉器,并罗列了大量日常称谓中与"玉"相关的词汇,基本为褒奖之词,从而强调玉器悠久的文化内涵以及在古人心目中的重要地位。

石之似玉者

世之美石,酷似脱胎①古玉者甚多,如宝石②蜜蜡翠石③是也,即锦州石④江石⑤亦如之,惟石性坚硬脆滑,不似玉之温和润泽耳。如莱州石⑥、岫岩石,则又质软色嫩,即青田⑦寿山⑧昌化⑨等石,质地鲜明,色浆宛如宝石,以之摹印⑩则可,以之雕刻古玩,用手一握,毫无趣味。即世之用玉皮仿造色沁者,到处皆有。若乾隆时

碧玉人兽形玉饰　新石器时期　台湾台东卑南遗址出土

煤精串饰　春秋早期　陕西韩城梁代村墓出土

仿古，其用白寿山作传世古，用宝石田黄蜜蜡翡翠皮子等石，作色沁复原之古玉，其制作工致，价值之昂贵，有超过古玉以上者，此所谓叶公好龙⑪，好似龙者欤？此等石，只好陈设案头以供远观，切不可把玩，如把玩日久，则色泽变为老提油⑫矣，此不可不辨者也。

[注释]

①脱胎：古玉入土数百年后，因受地下土壤的侵蚀发生质的变化。这些古玉出土后，经过人们的佩戴、盘玩，逐渐恢复原来的温润、光亮和清雅，这个过程即为古玉的脱胎。

②宝石：经过琢磨和抛光后，可以达到珠宝要求的石料或矿物。

③翠石：即"翠榴石"，翠绿色的石榴石。

④锦州石：辽宁锦州一带盛产的美石，被人称为辽西玛瑙。

⑤江石：产于黑龙江嫩江一带江岸的美石，细腻滑润，多用作文房用具。

⑥莱州石：产于山东莱州一带，质地细腻，白者晶莹，绿者透碧，佳者光润似玉。

翡翠扳指　清代　安徽蚌埠张公山墓出土

滑石兔　唐代　安徽宿州唐墓出土

⑦青田：即"青田石"，产于浙江青田县，以叶蜡石为主要成分的石料，色彩丰富，青色居多，多为印材。

⑧寿山：即"寿山石"，产于福建省，有黄、白、灰、绿、褐等色，品种有百余种之多，是中国传统四大印章石之一。

⑨昌化：即"昌化石"，产于浙江临安（原昌化县），有红、黄、褐等色，以灰白色居多，为雕制印章的佳品。

⑩摹印：这里指雕刻成印章，用作印材。

⑪叶公好龙：出自汉代刘向的《新序·杂事五》，比喻表面上爱好某事物，实际上并不真正爱好。

⑫老提油：泛指伪造的古玉。具体参考下文"伪造古玉法"条目。

[译文]

世界上的美石，形似脱胎古玉的非常多。如宝石、蜜蜡、翠石，还有锦州石、江石，只是它们石性坚硬脆滑，不如玉那样温和润泽。像莱州石、岫岩石，则又质地较软，色泽鲜嫩，还有青田石、寿山石、昌化石等，质地鲜明，色浆宛如宝石，用作印材可以，但用来雕刻古玩，用手一握，毫无趣味可言。现在社会上用玉皮来仿造色沁的现象，到处都有。乾隆时候仿古，用白色寿山石作传世古玉，用宝石、田黄、蜜蜡、翡翠皮等石，作色沁复原的

古玉辨

古玉，其制作工巧精致，价值昂贵，有的甚至超过了真正的古玉，这就是所谓的"叶公好龙"，喜爱像龙一样的东西啊。这类石，适宜陈设案头，只能远处观摩，不能握手把玩，如果把玩时间长了，色泽就会变为老提油，这不能不辨别清楚啊。

[解析]

作者介绍了众多类玉的美石，并指出历史上用美石仿玉的现象十分兴盛，但石终归是石，没有玉性，也不宜把玩。

玉与古铜比较

铜器出于湿地者，色多绿。玉器出于湿地者，色多黯。铜器出于潭水中者，多腐烂。玉器出于潭水中者，多光润。铜器以嵌金①鎏金②涂金③为贵，玉器最忌黄金。入土时，如与黄金为邻，年久必受重伤，多破裂纹，色亦黯淡无光。倘金沁未深，古玉含有金片金星者，亦颇不恶。如与银铜锡铅为邻，则毫无所损。铜器易铸，故出世者多。玉器难刻，故出世者少。铜器铸文字者多，故后人著录亦多。玉器刻文字者少，故后人著录亦少。铜器受地气，其青绿之色，皆由内而发于外。玉器受地气，其各色之沁，皆由外而纳于内。铜器患油腻，把玩日久，须用冷水浸之，方露清光④，用滚水则受伤，易于损坏。玉石亦患油腻，把玩日久，须用滚水煮之，方见色泽。是铜质不如玉质之坚洁也。若新坑⑤之玉与传世古，亦忌用滚水，与出土古玉，迥不相同。况铜器不宜近身，近身则有铜臭⑥气。玉器最宜近身，近身则生温和气，是以古今人佩玉者多，未闻有佩铜者也。

金鞘玉剑　春秋早期　陕西韩城梁代村墓出土

[注释]

①嵌金：器物上镶嵌金缕为装饰的工艺。

②鎏金：用金汞合金制成的金泥涂饰器物的表面，经过烘烤，汞蒸发而金固结于器物上的一种传统工艺。

③涂金：器物上涂抹金泥、金粉的工艺。

④清光：清亮的光泽。

⑤新坑：指新近发掘的墓葬。

⑥铜臭（xiù）：铜制品上的一种气味。

[译文]

出土于湿地的铜器，颜色多铜绿；出土于湿地的玉器，颜色多黯淡。出土于潭水中的铜器，大多腐烂；出土于潭水中的玉器，大多光泽细润。铜器

古玉辨　113

鎏金铜架玉枕　西汉　江苏徐州后楼山西汉墓出土

嵌玉鎏金铜带铐　西汉　江苏扬州妾莫书墓出土

以镶嵌黄金、镏金、涂金为珍贵，玉器却最忌讳黄金。埋入地下时，如果玉器与黄金相邻，时间长了必定受到重伤，大多有破裂纹，色泽也会黯淡无光。倘若金沁尚未深入，古玉中含有金片、金星，也并不可怕。如果玉器与银、铜、锡、铅相邻，则一点也不受损伤。铜器容易铸造，所以存世的比较多；玉器难以雕刻，所以存世的不多。铜器上铸造文字很多，所以后人研究的相关著录很多；玉器上镌刻文字很少，所以后人相关著作也少。铜器受到地气，它的青绿颜色，都由内而外发出；玉器受到地气，它的各种色沁，都由外而内收纳进去。铜器忌油腻，把玩时间长了，须用冷水浸，才会露出清光，用热水浸则会受伤，容易损坏。玉石也忌油腻，把玩时间长了，须用热水煮，才会露出色泽，这是铜质不如玉质坚密洁润的原因。如果是新近出土玉与传世古玉，也忌讳用热水，这与出土古玉是完全不一样的。再者，铜器不宜靠近人身，近身则有铜臭气；玉器则最适宜靠近身体，近身则产生温和之气，所以古人、今人佩戴玉器的很多，却从未听说有人佩戴铜器的。

[解析]

作者在这一段中将玉器与铜器的多方面性能作了比较，包括质地、埋藏条件、工艺特征、色沁等。得出的结论是，玉器适合玩赏佩戴而铜器并不适合。

玉与宝石比较

玉性主温，翡翠宝石之性主寒，故佩玉无论冬夏皆相宜。宝石翡翠宜于夏，不宜于冬。以冬日佩之，寒能彻骨，佩者每受其伤，而不觉也。玉之美德，温润而泽，足以和人之气血，养人之心性，是以君子无故玉不去身也。宝石翡翠，多浮光[①]，火气未退，能悦人之目，不能悦人之心。古玉清光内蕴，有静穆之气，犹之人中之圣，内文明而外柔顺者是也。较之自来旧玉，尤足养人，因其受地气之酝酿，毫无贼光躁性[②]故耳。脱胎古玉，变为宝石色，但其性不能改其为玉。宝石翡翠出土后，亦有脱胎者，但其性终不能改其为翡翠为宝石。是玉之品格，超乎寻常万万矣。惜今人重宝石翡翠，而不知玉之为贵，犹之闻乐者，不知阳春白雪③，曲弥高而和弥寡④也。以古之所重者，今反轻之，岂今人之智，过于古人耶？吾不得而知也。

[注释]

①浮光：飘浮在器物表面的光泽。

②贼光躁性：贼光，或称"火光"，指新作的工艺痕迹和手法。躁性，即燥性。这里指宝石、翡翠不够滋润的石性。

③阳春白雪：战国时代楚国的一种高雅乐曲，能够欣赏的人不多，现在比喻高深、不通俗的文学艺术。

④曲弥高而和弥寡：曲调越是高雅，能跟着唱的人就少。旧指知音难得，现比喻言论或作品不通俗，能了解的人很少。与"阳春白雪"是一个意思。

[译文]

玉的性质主温，翡翠、宝石的性质主寒，所以无论冬天还是夏天，佩戴玉器都十分适宜。宝石、翡翠只能夏天佩戴，不适合冬天，因为冬天佩戴，寒性深透入骨，佩戴的人往往会在不知不觉中受到伤害。玉温润有光泽的美德，足以能协调人的气血，滋养人的心性，因此君子不会无缘无故将随身佩戴的玉摘去。宝石、翡翠比较多浮光，火气未曾退去，它们能愉悦人的目光，却不能愉悦人的心灵。出土古玉内含清光，有静穆的气息，犹如人中圣者，内修文明而外在柔顺，与传世旧玉比较，更能陶冶人，因为它们受到地气的酝酿，毫无贼光、燥性。脱胎后的古玉，变为宝石色泽，但其性能仍然是玉。宝石、翡翠出土后，也有脱胎的，但其性能始终是翡翠、宝石。玉的品格，超过寻常器物万万倍啊，可惜现在人只看重宝石、翡翠，而不知道玉的宝贵，犹如欣赏音乐的人，不知道有"阳春白雪""曲高和寡"。古代人重视的，现在人反而轻视，难道是现在人的智慧超过古代人了吗？我搞不懂啊。

翡翠白菜　清代　台北故宫博物院藏

水晶珠　宋代　安徽青阳滕子京家族墓出土

[解析]

　　作者在此段中将玉与翡翠、宝石的性能方面做了比较，认为玉温润而翡翠、宝石寒性，玉内敛而翡翠、宝石多浮光，玉能陶冶人的内心而翡翠、宝石只是夺人眼球，由此阐发其爱玉惜玉的情感。

古玉新玉比较

　　新玉之佳者，其色泽非不美观，特以刀法不古，色沁毫无，字迹花纹，亦少朴拙之气，实不如古玉之耐久咀嚼，况近代之玉质玉色，亦不及古玉之纯洁。今人多重翡翠钻石，即以玉质与色，皆不及翡翠钻石之光润坚洁故也。若经手盘出之古玉，脱胎后，形同宝石，性则良玉。令把玩者，生悠然慕古之遐想，有可意会，不可言传之妙。较之新玉，其意味深长，则迥不相同，即翡翠钻石，亦远不如也，是以古玉脱胎后，乃更足宝贵耳。

龙纹玉环　西汉　广州南越王墓出土

龙纹玉环　现代仿品

[译文]

　　现在新玉中的佳品，它们的色泽并非不美观，只是雕刻刀法不古朴，没有任何色沁，字迹纹饰也缺少朴拙气息，因而不如古玉那样耐人寻味，何况现在的玉质、玉色，都比不上古玉纯洁。现在的人多重视翡翠、钻石，即是以玉质与色泽而论，新玉比不上翡翠、钻石那般光润坚洁。如果经过手工盘活的古玉，脱胎之后如同宝石，性能属于好品质的玉，它们能使把玩的人，产生悠然追慕古人的遐思，有着只可意会不可言传的妙趣。与新玉比较，其意味深长，迥然不同，即使是翡翠、钻石，都远远不如它。因此，脱胎后的古玉，更为珍贵宝重。

[解析]

　　作者对古玉、新玉做了比较，认为古玉具有朴拙气息，耐人寻味，尤其是经盘摩脱胎后的古玉，能与人产生某种时空交错的情感交流，更能睥睨一切宝石。

古今佩玉不同

　　古人所佩玉，未必出土之玉。今人所佩之玉，亦未必皆出土之

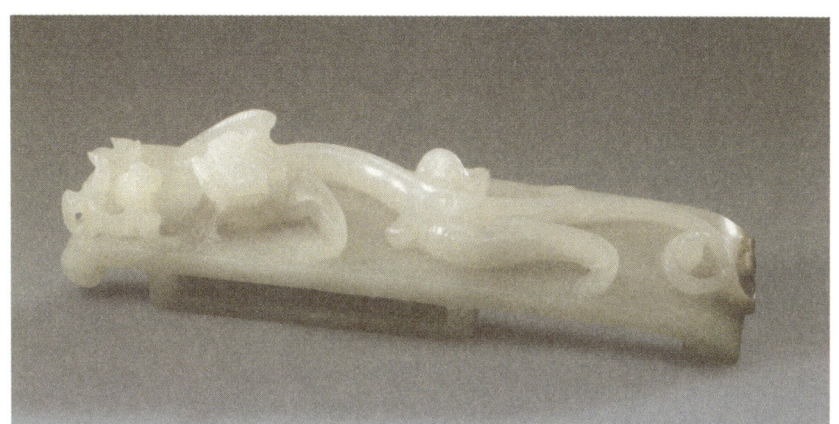

螭纹玉璜　仿汉作品

螭纹玉璜　西汉　山东巨野红土山出土

玉，但人人皆重古玉者。亦自有说，今之玉质，不如古玉之坚洁。今之刀法，不如古玉之精深。今之文字花纹，不如古玉之朴拙古奥。况入土年久，经地气酝酿，色沁百出，其逸趣横生，有令人知其然，而不知其所以然之妙。具此数端，已足见重于世，而况遐思古人，有同心乎？如高西园之于司马相如玉印，则生死相依，黄小松得一黄易古印，即用为己印，与余所佩之张留侯、羊叔子两印，皆因重其人，以及古人所用之印故也。

[译文]

　　古代人佩戴的玉，未必是从地下出土的玉器。现在人佩戴的玉，也未必都是出土玉器，但古往今来，人人都重视古玉。因为有说法：现在的玉质，不如古玉坚密洁润；现在的刀法，不如古玉精湛深刻；现在玉器上的文字、纹饰，不如古玉朴拙深奥。何况古玉埋入地下多年，经过地气的酝酿，各种各样的色沁侵入，逸趣横生，有让人知其然，而不知其所以然的奇妙。具有这几方面原因，古玉足以被世人重视，又何况今人遐想怀念古人，能产生心心相印的感情呢？如高凤翰对于司马相如的玉印，做到生死相依，黄小松得到一枚黄易的古印，即用作自己的印章，以及我佩戴张留侯、羊叔子两枚印，都因为尊重他们的人品，因而喜爱他们所用的印章。

[解析]

　　作者在这一段中又详细重申了出土古玉的珍贵，无论是玉质、刀法、纹饰、色沁还是把玩的意趣方面，都远胜于新玉。

今人复古之念

　　余有嗜古癖，而于古玉则尤甚。今老矣，同好者，亦有数人物。回想数十年古玉价格，未曾提高，近数年来，渐有起色，而好

玉环　新石器时期　美国洛杉矶县立艺术博物馆藏

玉牙璧　新石器时期　美国明尼阿波利斯艺术研究院藏

者日见其多,是不独余与同好者提倡之力也。一由于历史之关系,古人未有不以玉为贵者,是人人皆有遗传性也;一由于神秘之信仰,近来飞机通行,乘者日众,相传古玉能护人身体,可保危险,故信仰力不少减也;一由于欧美人之争购,人人皆有保存古物之心,不愿使本国艺术开化之起点,尽散布于他国,而欲极力保持而无失也。因此古玉价格,乃与日俱增矣。在外国人好之,则谓美术之进化;在本国人好之,则谓文艺之复古。

[译文]

　　我有嗜爱古董的癖好,尤其钟情于古玉。现在我老了,和我有相同爱好的人也有几位。回想过去几十年的古玉价格,一直没有提高,近年来才逐渐有起色,爱好古玉的人也日益多起来,这不仅仅是我和同好们提倡的结果,还有多方面的原因。一是由于历史的关系,古人都是以玉为贵的,这是国人都具有的遗传性;一是由于神秘的信仰,近年来飞机通航,搭乘的人越来越多,相传古玉能庇护身体,避免危险,所以对古玉的信仰力没有减少;一是由于欧美人争着抢购,而国人都有保存古物的心愿,不愿看到本国艺术开化的起点，全部散失到其他国家，总是希望极力保存使其完整无失。基于这些原因，古玉的价值，与日俱增。外国人喜欢古玉，称为"美术的进化"；本国人爱好古玉，则是"文艺的复古"。

[解析]

民国时期，在作者与同好们的积极倡导及几方面原因下，中国古玉的价值日益突显，不仅逐渐受到国人重视，亦受到外国人的喜爱。

西人之重古玉

欧美各国，皆尚艺术，故于美术，则精益求精，不遗余力。在清季时代，凡入中国者，争购唐宋画轴，渐又争购带采之瓷器，以其与画片异曲同工也，渐则争购砖石之画象造象，渐则争购粗细花纹之三代彝器，今则渐购古玉矣。诚以中国之美术，以制玉为最古，且以刻玉为最精故也。西人进化之速，令人心折，如能研究到比德于玉程度，则更高矣。所可笑者，西人购古玉，重生坑，不重熟坑，未免所见者偏。彼以为生坑易于辨真赝也。生坑满身土锈，质地露有玻璃光矣，如用羌水①伪造，则质地无玻璃光矣，此西人辨古玉之惯技。熟坑，中国伪造者，多而且工，故西人不敢问津。不知近来伪造生坑者，不专施羌水，玉之原地，应留何处，则用石膏涂抹其上，再使羌水洒于他处，露土蚀痕，而玻璃光亦不能退去，宛如生坑，故西人不能辨也。要之古玉真伪，熟坑生坑，识者一望而知，不识者虽熟视若无睹耳。况夫佩带古玉，以复原而含宝石色者为最贵，如不复原，形同顽石，把玩之毫无兴趣，是以嗜古者未有不首重熟坑者也。若古肆②贩于东西洋者，非真好古者，不能相提并论也。

玉鹌鹑　唐代　美国华盛顿赛克勒博物馆藏　　人面玉饰　新石器时期　美国波士顿美术馆藏　　玉耳杯　战国　美国哈佛大学福格美术馆藏

[注释]

①羌水：即"姜水"，伪造古玉时用到的一种液体，会使玉器产生土斑、土沁、土蚀的效果。

②古肆：古董店铺。

[译文]

欧美各国都崇尚艺术，对于美术，能不遗余力地精益求精。在清末时，凡是到中国来的欧美人，都争先抢购唐宋书画，后来开始争购彩瓷，因为它们与绘画有着异曲同工之妙，接着渐渐争购画像砖、画像石，接着是带有粗细纹饰的三代青铜器，现在开始逐渐购买中国古玉。中国的美术中，确实以制玉的历史最古老，而且以刻玉的工艺最精到。西方人进化速度之快，让人心服，如果他们的研究能到"比德于玉"的程度，则更是高深。可笑的是，西方人购买古玉，看重生坑，而不重视熟坑，这未免是个偏见。他们认为生坑的古玉容易辨别真伪，因为生坑玉满身土锈，质地会露出玻璃光泽，如果是用羌水伪造的生坑玉，质地中不会透出玻璃光，这是西方人辨别古玉常用的方法。中国伪造熟坑古玉的作坊很多，而且技巧很好，所以西方人不敢问津。但是，他们不知道近来伪造生坑古玉，已经不专用羌水了，玉该保留的质地，就用石膏涂抹标明，再把羌水洒在其他地方，露出土蚀痕迹，而玉的玻璃光也不会褪去，就像生坑玉一样，所以西方人辨别不出来。总而言之，古玉的真伪，生坑熟坑，内行一望便知，外行即便看得多也一头雾水。况且佩戴古玉，是为了复原盘活后，古玉呈现出宝石色，如果不能复原，玉如同顽石，把玩起来毫无乐趣，因此真正嗜好古玉的人首先肯定以熟坑为重。古董店贩卖古玉给的那些东洋人、西洋人，并不是真正的好古之人，只能另当别论。

[解析]

　　作者讲述了清末民国以来西洋人到中国争购艺术品的趋势和潮流，并品评了一番外国人的古玉鉴赏能力，认为他们未能深谙古玉文化的精髓。

好古玉之派别

　　凡好古玉者，其学深浅程度不一，故人如有癖，有以玉质为贵者，有以玉色为贵者，有以色沁为贵者，有以花纹为贵者，有以文字之多为贵者，有以土古不带色沁为贵者，有以色沁不露质地为贵者，有以生坑为贵者，有以熟坑为贵者，有以未经盘出为贵者，有以年代久远为贵者。要之出土最美之玉，无论何代，如不盘出，直同顽石，佩于身边，亦无趣味。或云：佩之取其古耳。余笑曰：太

翡翠螳螂　清代　美国西雅图艺术博物馆藏

 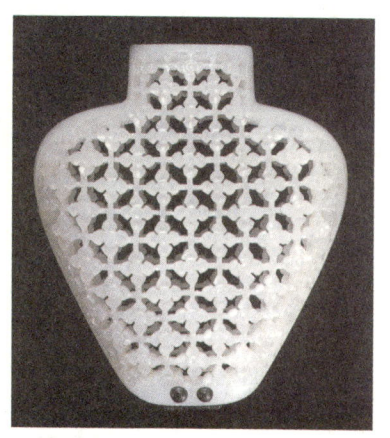

玉龙璧　战国　美国纳尔逊艺术博物馆藏　　玉香囊　清代　英国维多利亚及阿尔伯特博物馆藏

湖石，英石，翠石，莱州石，岫岩石，独不古乎？而佩之者有几人耶？即此可见古玉不能复原，则不灵；不灵，即与凡石无异，又何足取？故好虽不同，而盘出使之复原之心，则无不同也。

[译文]

爱好古玉的人，学识深浅程度不同。就像人各有癖好一样，有的人看重玉质，有的人看重玉色，有的人看重色沁，有的人看重纹饰，有的人看重玉器上镌刻文字的多少，有的人看重不带色沁的出土古玉，有的人看重满布色沁不露玉质的，有的人看重生坑玉，有的人看重熟坑玉，有的人看重未经盘摩的玉，有的人看重年代久远的玉。总而言之，出土最美的古玉，无论哪个时代，如果不能盘活，就如同顽石，佩戴在身边，都没什么趣味。有人说："佩戴玉只是因为它的古老。"我笑着说："太湖石、英石、翠石、莱州石、岫岩石，哪一种不古老呢？而佩戴这些石头的人又有几个呢？"由此可见古玉若不能复原，就没有灵气；没有灵气，即与普通的石头没有分别，有什么可取之处呢？所以，虽然个人爱好标准不同，而要将古玉盘活复原的心愿，都是一样的。

[解析]

作者讲述了不同人对古玉的不同偏好，但认为玩赏古玉的人，都以盘活古玉为最大的乐趣。

辨古玉之特识

古玉甫①经出土，一望而知其为何代之器，何色之沁，何刀之刻者尚矣，否则用灰提法，极力研究，亦可辨别。若本非旧玉，而误认为旧玉，加工盘之，终年佩之，始终不能复原，徒费工夫，毫无益处，所谓盲人骑瞎马者是也。如经前人盘出之玉，而不能辨，或目为宝石，伪造者，或目为旧玉改造者，此又少见多怪之病也。其或新出土之古玉，色如酱瓜，质如土块，用指甲即能掐②破，骤视其轻松而忽之，以为化乳石③者，此又未经阅历之弊也。欲求真正判断力，非多见多闻，常年经验，恐难收实效。

玉雁　元代　陕西西安何家村出土

[注释]

①甫（fǔ）：副词，方才，刚刚。

②搯（tāo）：掏，挖取。这里指能用指甲抠掏。

③化乳石：即"花乳石"。

[译文]

古玉刚出土，有经验的人一望就知道是什么时代的玉器，什么颜色的沁，什么刀法刻的。如果一时确定不了，就用灰提油法，并尽力研究，也可以辨别。如果本来并非旧玉，而不小心误认为旧玉，就算不停地盘摩，整年佩戴它，始终不能复原，徒劳无功，所谓"盲人骑瞎马"就是这个意思。经过前人盘出的古玉，如因不能辨别而误以为宝石，误以为伪造的，或误以为旧玉改制的，这属于少见多怪的毛病。新出土的古玉，颜色如酱瓜，质地如土块，用指甲即能抠破，有人匆匆一看，认为其质地疏松而忽视它，以为是花乳石，这是缺乏见识阅历的弊病。想要具备真正的古玉辨别能力，如果不多看不多听，积累常年的实践经验，恐怕难以收到实效。

[解析]

作者在这一段中讲述了辨别古玉的种种歧途和弊病，提倡要真正具备古玉辨别能力，需要多看多听，积累常年的经验。

改造之古玉

旧玉改造，时常见之，令人可恨。如古玉之大件，业经破碎，不能成器，即改作零星小件，亦似无伤风雅，若稍露斧凿之痕，或微有瑕疵，及边沿带有土吃，不甚完整者，切不可率尔操刀，另行改造。如一动刀，则庐山之真面失矣，诚以古玉之土斑色沁，出于自然,即刀法亦多古意,如改造之,必露贼光,刀痕亦新,此易辨者也。清光绪十九年,余寓燕京,有友人购一碧玉砚,满身鱼子斑,长约六寸余,阔约四寸,持以视余。骤视之,玉质颇古,池畔雕一鹤,亦颇不恶,及细审其刀痕,不甚圆浑,似新镌者。因曰:此旧玉改造也。友人颇不以为然。越数日,沽①砚者来余寓,因笑而问之:某君购汝一砚,改造亦甚巧妙。渠②曰:如此厚重之古玉,当用何等器物改之?余曰:用玉押耳。渠默然,少顷即曰:去年得一古玉板,上下均有伤痕,体厚重不得已,磨去以制砚耳。是非留心刀法者,不易辨也,后友人知之,拟退还,余曰:按原价归余可也。

[注释]

①沽(gū):卖,出售。

②渠:代词,他。

[译文]

将旧玉进行改造,这种现象时常发生,令人愤恨。如果是已经破碎的大件古玉,不是完整之器了,将它改成零星小件,这种做法倒也无伤风雅。但

金玉带钩(龙形佩改制成带钩) 西汉 广州南越王墓出土

银座玉琮（玉琮改制成容器） 战国 江苏涟水三里墩西汉墓出土

玉印（剑璏改制） 东晋 南京郭家山东晋墓出土

若器体稍微露出斧凿痕迹，或者有点瑕疵，或者边缘部分带有土蚀、不是很完整的旧玉，切忌轻易操刀，另行改制。因为一动刀，古玉便尽失庐山真面貌。古玉上的土斑、色沁，都出于自然，其雕刻刀法也是古意盎然，如果进行改造，必定暴露出现代的贼光，刀痕也是新的，这很容易分辨。清代光绪十九年（1893）我住在北京，朋友购得一件碧玉砚台，拿来给我看，器体布满鱼子斑，长约六寸多，宽约四寸。乍一看，觉得玉质古朴，砚池旁雕刻一只鹤，形象也不错，待仔细审视其刀痕，不够圆浑，貌似新近雕刻。因此我说："这件玉砚，是用旧玉改造的。"朋友听了很不以为然。过了几天，出售此玉砚的人来我家，我笑着问他："某君买了你一块砚台，旧玉改造得很巧妙啊。"他说："这么厚重的古玉，会用什么器物来改造呢？"我说："用玉押啊。"他沉默不语，过一会儿说："去年我得到一块古玉板，器体十分厚重，上下都有伤痕，磨去之后用来改做砚台。除非留心观察刀法的人，不然很难分辨。"后来那位朋友知道了这件事，打算退还这件砚台，我说："就按原价转给我吧。"

[解析]

作者在这一段中谈论了对古玉改造的看法和态度，认为古玉改造后暴露出现代工艺的痕迹，尽失古趣意味，是对原生艺术的一种破坏，故不应贸然改造。

钻眼之古玉

古玉佩，未有无孔不能系组[①]者。礼器无孔，因陈列也。若古玉翁仲玉蝉等物，本非玉佩，乌能有眼？凡有眼者，皆系后人钻眼，以便佩于身边耳，否即伪造，为易售耳。此不可不知者也，余存玉蝉三枚，一无眼，二皆有眼，细审之皆后钻之眼，即此可以证明。

[注释]

①组：丝带。

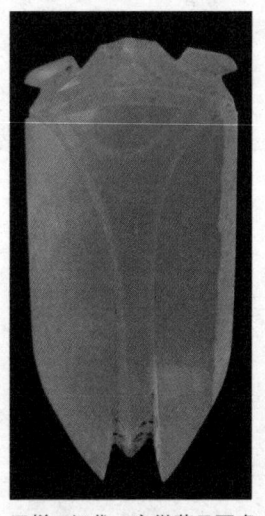

玉蝉 汉代 安徽萧县西虎山汉墓出土

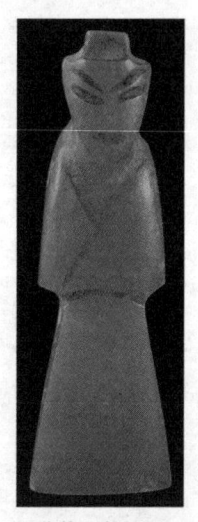

玉翁仲 东汉 江苏扬州甘泉东汉墓出土

[译文]

古玉佩，没有孔就不能系丝带来佩戴。礼器的玉没有钻孔，因为它们多用于陈列。像古玉翁仲、玉蝉等器物，本来不是玉佩，怎么可能有孔？凡是有孔的，都是后人钻孔，为了方便佩戴在身上，否则就是伪造的，便于出售，这不可不知道啊。我有三件玉蝉，一件无孔，两件都有孔，仔细审查发现都是后钻的，即可以证明上面的论断。

[解析]

作者认为古玉钻孔是为了佩戴，汉代的玉翁仲、玉蝉等，原本并不是佩玉，后人加孔后才佩戴在身上。古代玉器打孔并非易事，因此，打孔的玉器必定有其配戴的功能。

伪造古玉法

虹光草，似茜草①，出西宁深山中，汗能染玉，再加硇砂②少许，燃以竹枝烤之，红光自出。此法，名曰老提油，今已不多见矣。新提油法，用乌木屑煨③之，色即黑，用红木屑煨之，色即红。今玉工伪造多用此法。

[注释]

①茜（qiàn）草：别名蒨草，茜草科植物，多年生攀援草本，外皮紫红色或橙红色，为人类最早使用的红色染料之一。

②硇砂：即硇（náo）砂，一种矿物名，常为皮壳状或粉块状结晶，无色或白色，间带红褐色，玻璃光泽。

③煨（wēi）：在带火的灰里慢慢烤东西。

古玉辨

玉箍形器　新石器时期　北京故宫博物院藏　　玉鹰佩　商代　天津市博物馆藏

[译文]

有一种虹光草，形似茜草，出产于西宁深山中，其汁能染玉，再加入少量硇砂，点燃竹枝来烤它，会出现红光。用这种方法将玉器染成红色，叫做"老提油"，现在已经不多见了。"新提油"方法，就是用乌木屑煨玉，即染黑色，用红木屑煨玉，即染红色，现在玉工伪造古玉多用这种方法。

[解析]

作者这一段中介绍了新、老两种提油法，用于为玉器染色，仿造古玉的沁色。其中老提油是制作出与宋代古玉一样光润的红色假沁；新提油是民国时期盛行的伪造红沁、黑沁的方法。

伪造之地点

长安为最，杭州苏州次之，洛阳掖县潍县又次之，现在燕京亦多伪造。余见长安所造之苍玉圭、黄玉琥、白玉琴扫，宛如出土旧玉，真老提油法也，非细审不易辨。

玉圭　商代　美国火奴鲁鲁艺术学院藏

[译文]

西安最盛行古玉伪造，杭州、苏州次之，洛阳、掖县、潍县又次之，现在北京也有很多伪造。我见过西安做的青玉圭、黄玉琥、白玉琴扫，就像出土的古玉一样，它们是用真正的老提油法作伪，必须仔细审视才能分辨。

[解析]

作者介绍了以伪造古玉器著称的几个城市及在长安所见的伪造古玉器。

伪造传世古

玉器之小者，用刀割生羊腿皮，置于其中，再用红线缝之，不

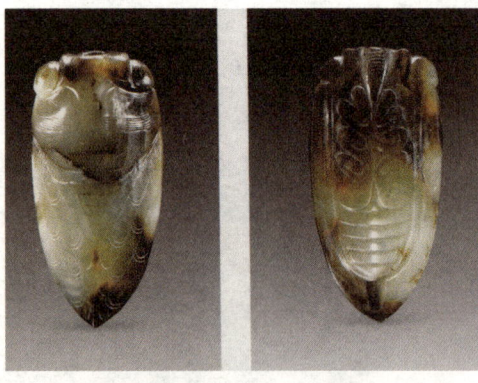

玉蝉　西汉　香港私人收藏

使出血。经三年后取出，玉带红绿，宛如旧物，但盘热时嗅之，微有腥味，此不可不辨者也。

[译文]

小件玉器的话，可用刀割活羊的腿皮，把它塞进去，再用红线缝补好，不让羊出血。经过三年后取出，玉器中会带红、绿色，就像旧玉一样，但盘热时嗅闻，稍微有些腥味，这不可不辨别清楚。

[解析]

作者介绍了如何借助动物染玉伪造小件传世古玉的方法。

伪造土花血斑

杀一狗不使出血，乘热纳玉于腹中，缝固不使透空气，埋之通衢①，三五年后取出，自有土花血斑，以伪土古。用纯黑之狗，胜于杂色之狗，但雕琢之痕，新鲜之色，未有不露骨者，此不可不辨者也。

玉环　辽宁省博物馆近年收购

[注释]

①通衢：四通八达的道路。

[译文]

杀一只狗不让它出血，趁狗的尸体还热的时候把玉放入狗腹中，然后缝起来使其杜绝空气，埋在路边，三五年后挖出，玉器上自然会有土花血斑，可充作出土古玉。用纯黑色的狗要比杂色的狗效果更好，但这样伪造出来的古玉，其雕琢痕迹、新鲜色泽，都一览无遗，对此不能不辨别。

[解析]

作者介绍了如何借助动物染玉伪造"土花血斑"，让新玉形似出土古玉。

伪造水坑古

质松之玉，作成古物，用重乌梅①水煮一昼夜，其松处被滚水搜空，宛如水激之痕，再用提油法上色，俨然水坑古矣，但玉质太松，其水激之痕，究不如真者之出于自然，不着形迹耳。

仿新石器时期红山文化的玉龙　现代

[注释]

①乌梅：经过熏制的梅子，黑褐色，可入药。

[译文]

质地疏松的玉器，做成古物，用浓乌梅水煮整整一天一夜，疏松的地方被滚水搜空，宛如水波激荡的痕迹，再用提油法上色，就像水坑古玉一样。但是由于玉质太疏松，水波激荡的痕迹，终究不如真古玉那样不着痕迹，出于自然。

[解析]

作者介绍了如何伪造水坑古玉的方法，关于其概念，可参见上文"水坑火坑干坑之比较"条目。

伪造牛毛纹

玉之有牛毛纹，有受大坑水银沁，遍体牛毛纹者，以玉质坚

黑漆古玉扳指　中国大陆私人收藏

牛毛纹琥珀色沁素璧　清宫旧藏

硬，水银不易沁入使其全黑耳。有受地中水银沁，其纹不甚黑者，有带白点者，又有若传世古之纹，带有浅红色，或淡黄色若隐若现，与土古迥不相同。今之伪造者，每用浓灰水①，稍加乌梅煮之竟日，乘热取出，置之风雪中一夜，使玉纹冻裂，质坚者纹细如发，再加提油上色，以伪牛毛纹。夏日放在冰箱中，使之冻裂，亦可伪造。族侄金台工篆刻，亦能用玉伪造古印，或造象含有牛毛纹者，骨董商购者，颇多以伪乱真，不减长安伪造，可笑也。

[注释]

①浓灰水：浓度高的草木灰水。草木灰，草本植物燃烧后的灰。

[译文]

　　玉器上的牛毛纹，有的受大坑水银沁，遍体都有牛毛纹的，是因为玉质坚硬，水银不容易沁入使它全部变黑；也有受地中水银沁，牛毛纹不是很黑，有带白点的，还有像传世古玉纹饰一样带着若隐若现的浅红色或淡黄色，与出土的古玉迥然不同。现在人伪造牛毛纹，都用浓石灰水，稍微加点乌梅煮一整天，然后趁热取出，放在风雪里一整夜，使玉纹冻裂。质地坚硬

古玉辨　137

的玉，裂纹纤细如发，再加上提油上色，以充牛毛纹。如果在夏天，把它放在冰箱中冻裂，也可以进行伪造。我的族侄金台，专攻篆刻，也能用玉伪造古印，甚至造出仿佛含有牛毛纹的玉器，古董商们买去，往往误以为真，其伪造技法，比得上当年长安的玉工，这非常可笑。

[解析]

牛毛纹又称牛毛沁，即指玉肌表面出现的细如牛毛状的裂隙。作者在这段中介绍了仿造古玉牛毛纹效果的方法。

伪造受地火者

世之造鸡骨白象牙白者，以炭火煨之，趁灰未冷时，用水泼于其上，取出宛如古玉之受地火矣。但体有火劫纹①而不能去，真者无之，盖一出自然，一出强造，最易辨也。况伪造之器，全身已经火烧，玻璃光不能露出，昏顽②不灵，直同朽烂之石，玉性去矣，此更易辨者也。

[注释]

①火劫纹：指玉受火烤之后，出现细微的烧裂，有色沁渗入的纹饰。
②昏顽：昏，暗而无光；顽，顽固呆板。

[译文]

世人伪造鸡骨白、象牙白，将玉器放在炭火中慢慢煨，趁着炭灰尚未冷却，直接将冷水泼在上面，取出后的玉器就像古玉受了地火一样。但是这种做法会使玉器有火劫纹，消退不了，真正的古玉就没有火劫纹，因为一种出于自然天成，一种出于外力强造，最容易分辨了。何况伪造的玉器，全身已

鸡骨白沁玉饰　民国　美国旧金山亚洲艺术馆藏

经被火烧过，玻璃光泽不能露出，玉色灰沉顽固，没有灵光，就如同朽烂的石头，玉性已经荡然无存，这就更容易分辨了。

[解析]

　　作者讲述了如何伪造古玉受地火产生的鸡骨白和象牙白效果，以及分辨的方法。

仿古之比较

　　汉玉件头器小而字最多者，以刚卯①为最。西汉为避邪驱瘟，每年元旦②，即佩之。自新莽以卯金为劉姓，遂禁用刚卯。至东汉复旧制，而尺寸较长，至六朝则用者少矣，今见之刚卯，六朝尚多，东汉物已少见，若西汉物直同凤毛麟角，不易得矣。今人多以莱州石、岫岩石仿造旧玉刚卯，并有以田黄冻寿山冻仿造，其脱胎者但形似神非，不难辨也。按仿古之风，皆因宋欧阳文忠③所著之

《古玉图》，开其始，今见之圭璧，以及祭器等件，有以旧玉改造者，有以新玉伪造者，直同西安所仿之刀布④砖瓦，潍县所仿之钟鼎彝器，洛阳所仿之墓志造象，曲阜所仿之汉碑⑤，诸城所仿之秦石⑥，云南所仿之大爨小爨两碑⑦，古肆中往往有之。所谓宋仿苏烧⑧，今已不多，因被外人购去故也。辨旧玉之改造，须看刀工，辨新玉之伪造，须认玉质，自迎刃而解矣。余近于沽上云山阁，得一黄玉刚卯，旧为王廉生⑨所存，字古色纯形同宝石，尺寸大小，悉符汉制，真西汉物也。

[注释]

①刚卯：汉代人用以辟邪的佩饰，于正月卯日制成，以金、玉或桃木为材料，刻有辟邪内容的文字。

②元旦：一年的第一天，这里指农历新年正月初一。

③欧阳文忠：即欧阳修（1007—1072），字永叔，号醉翁，谥号文忠，北宋卓越的文学家、史学家。

④刀布：即春秋战国的刀币和布币。

⑤汉碑：即汉代碑刻。碑刻字体以隶书为主，碑额文字多用篆书，汉碑流传甚多，有《华山庙碑》《礼器碑》《史晨碑》等。

⑥秦石：即秦代刻石。秦代的重要书体小篆以刻石为代表，相传为丞相李斯所书，有《泰山刻石》《琅玡刻石》等。

⑦大爨（cuàn）小爨两碑：指东晋爨宝子碑和南朝爨龙颜碑。前者为义熙元年（405）立的晋碑，书体在隶、楷之间，端正古朴。后者为南朝宋大明二年（458）立的正书碑刻，书体古拙敦厚。两碑为碑文书法的鼻祖，临碑的主要范本。

⑧宋仿苏烧：民国时期对于宋代人工染色古玉的称呼，玉质均是上好的和田玉，造型、纹饰多仿战国和汉代，做工细致精湛，圆润光滑，局部呈现出琥珀色沁，色沁自然。

⑨王廉生：即王懿荣（1845—1900），字濂生，一字正孺。正文疑刊误。

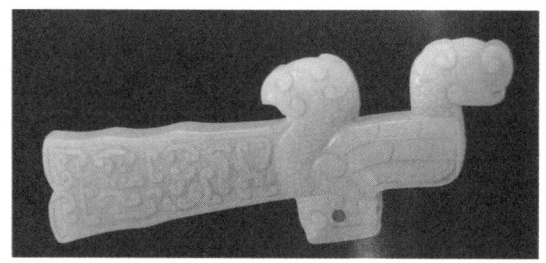

玉杖首　清代　北京海淀区颐和园出土

中国近代金石学家、甲骨文的发现者和爱国志士，亦是清末的著名收藏家，涉猎古代书籍字画、铜器印章、钱币石刻等。

[译文]

　　汉代玉器中形体小巧而字数最多的是玉刚卯。西汉时期人们为了避邪驱瘟，每年农历正月初一都会佩戴它。因新莽时期以卯金为"劉"姓，朝廷于是下令禁用刚卯。东汉时又恢复使用，但尺寸较长，到六朝时佩玉刚卯风气不盛。不过，现在看到的玉刚卯，以六朝的较多，东汉的少见，西汉时的则属凤毛麟角，不容易得到。现在人多用莱州石、岫岩石仿造旧玉刚卯，还有人用田黄、寿山石仿造，但成品仅具形似，缺乏神似，这一点不难分辨。
　　附：宋代欧阳修撰写的《古玉图》，（从某种程度上说）开启了伪造古玉的风气。今天见到的玉圭、玉璧及其他祭祀用玉，有的是用旧玉改造而成，有的是用新玉伪造，这种作假之风如同西安地区仿造刀布货币、砖瓦，潍县地区仿造青铜钟鼎彝器，洛阳地区仿造墓志、造像，曲阜地区仿造汉代碑刻，诸城地区仿造秦代刻石，云南地区仿造大爨、小爨两碑，并且古董市场中往往有这些仿造品出售。所谓的"宋仿苏烧"古玉，现在已经不多见了，因为多半被外国人买去了。辨别旧玉是否属改造的，必须要看刀工，辨别新玉的伪造，必须认清玉质，这样疑问就能迎刃而解。最近我在天津沽河云山阁，获得一件黄玉刚卯。此玉曾被王濂生收藏，字体古朴，色泽纯正，形如宝石，尺寸大小，均符合汉代的特点，是真正的西汉刚卯。

[解析]

作者通过玉刚卯的实例,比较分析了现在仿造品与古代实物之间的区别,认为仿造古玉的风气从宋代即已开始。

阿叩伪造法

相传无锡,有叩锈之称,因阿叩善作毛坯玉器①,用铁屑拌之,热醋淬②之,置湿地十余日,再埋于通衢数月,然后取出,玉为铁屑所蚀,浑身橘皮纹,纹中铁锈作深红色,煮之即变黑,且有土斑,不易盘出,宛如古玉,审视之方能辨。凡玉有土锈,以灰提之而不出者,皆赝品也。

[注释]

①毛坯玉器:指还未完全成品的玉器,最后的成品多半做叩锈伪造。
②淬(cuì):这里指将玉放在滚热的醋里面一浸立刻取出来。

龙形玉环　东汉　江苏扬州甘泉老虎墩东汉墓出土　　玉剑格　西汉　广州南越王墓出土

[译文]

相传在江苏无锡,有"叩锈"的名称,因为有个人叫阿叩,善于制作毛坯玉器。他用铁屑搅拌玉器,热醋淬它,放在潮湿的地面十多天,再埋入通衢几个月,然后取出,玉器会被铁屑侵蚀,器体布满橘皮纹,纹饰中的铁锈呈现深红色,煮了之后就变黑,还有土斑,不容易盘出,就像古玉一样,只有仔细审察才能辨清。玉器上有土锈,凡是用灰提油法而不能盘出的,都是赝品。

[解析]

作者介绍了一位名叫"阿叩"的仿造古玉高手以及他作伪古铁锈的土方"叩锈法"。

提油伪造法

用硇[①]提为最妙,色入玉理,灰煮亦不能退,颇能乱真,但天晴时,混浊不灵,即易辨矣。玉工每以传世古或土古而无色沁者,难得善价,即用提油法上色,可获厚利。夫以伪乱真,已不足取,以真造假,徒伤旧物,品愈下矣。

[注释]

①硇:即硇砂。

[译文]

伪造提油玉器,用硇提为最妙,色沁进入玉质肌理,灰煮也不能消退,很能以假乱真。但在天气晴朗之时,提油玉器混浊不灵光,这很容易分辨。玉工认为如果传世古玉或出土古玉没有色沁,很难卖到好价钱,便用提油法上色,可获得暴利。以假乱真,这本不应该,又在真正的古玉上后造色沁,

古玉辨 143

玉琮　民国　北京故宫博物院藏

只能伤害古玉，降低品质，这种做法更不应该。

[解析]

作者介绍了用提油法伪造古玉色沁的方法。

油炸侩

伪造之法不一，有用新玉制作成器，欲红用红木，黑用乌木，酱紫用紫檀，青绿用靛，研成细末，玉置于内，以火煨之。欲留玉之本质，即用石膏粉贴于玉质之上，他处皆能上色。惟贴处则色不能侵入，质地全露，宛如出土受沁之古玉。若用油炸，皮多裂纹，似牛毛，又似水纹，但体已苏，不能久存，外露浮光，愈盘愈黯，久即成腊肉色，精光已去，有形无神，故名之为油炸侩。

[译文]

伪造古玉的方法各有不同。有的用新玉制成器物，想要伪造红色沁就用红木，想要黑色沁就用乌木，想要酱紫色沁就用紫檀，想要青绿色沁就用靛

玉龙环　清代仿品　辽宁省博物馆藏

料,分别研磨成细末,把玉器放在器皿内,用小火慢慢煨。想要保留部分玉器的本质光泽,就用石膏粉贴在上面,其他地方都能上色,唯有贴了石膏粉的地方,颜色不能染进,露出玉的质地,出来的效果就像受沁的出土古玉。如果将玉进行油炸,器面多裂纹,像牛毛纹,又像水纹,但内部已经酥软,不能长时间保存,而且外表露出浮光,越是盘摩越是暗淡,时间一久即成腊肉色,玉的肌理质感和光泽都褪去了,徒有其表没有神韵,所以称这种做法叫"油炸侩"。

[解析]

作者在这一段中介绍了新玉如何作伪沁的具体步骤,技法令人瞠目。同时亦介绍了油炸侩的概念,即用热油炸新玉,玉皮多呈裂纹,似牛毛又似水纹,但也有一系列的后患。

灰提油法

用木贼草,栗色炭灰,泡水加入银硝①少许,盛于瓦罐中,将

仿战国玉龙　现代　中国大陆私人收藏

玉悬挂中间，用栗炭②火煮之，水浅即添，以提出玉中水银灰土浊气为度。有铜绿金银沁者，不可用此法，宜用人乳蒸之。若未经出土之玉，不但不可用灰提，并不可用滚水煮，以其燥，伤玉质耳。

[注释]

①银硝：硝酸盐类矿物硝石经加工而成的结晶体，主要含有硝酸钾。

②栗炭：把树木截成段，在炭窑中点燃，烧到一定程度，封闭炭窑，余热继续加热木材干馏，水分和焦油被馏出，木材炭化为木炭。

[译文]

　　用木贼草、栗色的炭灰泡水，加入少许银硝，盛放在瓦罐中，再把玉悬挂在瓦罐中，用栗炭火煮，水烧浅了马上就添加，直至提取出玉器中的水银、灰土、浊气。有铜绿、金银沁色的玉器，不能用这种方法，应该用母乳熏蒸。如果不是出土的玉器，不但不能用灰提法，也不能用热水煮，因为这样做性燥，会损伤玉质。

[解析]

　　作者在这一段中讲述了灰提油法的具体操作步骤，灰提油法亦称"灰提法",是鉴别古玉的一种方法,勿与仿造古玉色沁的"老提油"和"新提油"混淆。

养损璺

璺^①者,器破而未离也。初出土之古玉,质地未坚,倘误碰损璺,只要不落,即挂在身边,常时养之,日久自能合拢。族侄稚樵,赠一新出土之赤玉璧,把玩多日,一日放在茶几上,经仆人白玉拂尘^②,误触坠地,现有裂痕。旋命其系于胸前,夜即抱于怀中,年余裂纹复合,噫^③奇矣。余笑曰:假使缺角之秦玺,当时如此办法,亦成全璧,岂不大妙也哉?

[注释]

①璺(wèn):裂痕。

②拂尘:掸除尘土,后专指掸尘土、驱蚊蝇的用具。

③噫(yī):文言叹词,表示感慨。

[译文]

璺,就是器物有破损而尚未断离。刚出土的古玉,质地尚未坚密,倘若不小心碰损就会产生裂纹,只要不脱落,就可佩挂在身边,以人体养育,时间长了自然能够合拢。同族侄子稚樵,送我一块新出土的赤玉璧,把玩多日,一天放在茶几上,仆人用白玉拂尘扫灰,不小心碰到,玉璧坠落地上,有裂痕。我立即要他把玉璧系在胸前,晚上睡觉都抱在怀中,一年多后裂纹弥合消失,(他感叹)真是稀奇啊。我笑着说:"如果缺了角的秦朝印玺,当年都能用这种办法修复全貌,岂不是更加神奇了吗!"

[解析]

　　品玩古玉的人通常认为玉可养人，人可养玉。作者在这一段中介绍了用人体养护、修复玉器细小裂纹"璺"的经验与方法。

古玉有四异

　　一具天然之九色，较他物特多；二经人工之雕琢，较他物特精；三受地气之酝酿，较他物特润；四纳各色之沁入，较他物特艳。具此四异，其品格迥出寻常，乌得不贵？

[译文]

　　一具有天然的九种色泽，比其他器物颜色丰富；二是经过人工的雕琢，比其他器物制作精细；三是受到地气的酝酿，比其他器物润泽；四是吸纳各

荷苞形玉瓶　南宋　浙江衢州南宋墓出土

种颜色的色沁，比其他器物更为鲜艳。古玉具备这四种特性，品质就异于寻常，怎么可能不珍贵呢？

[解析]

作者介绍了古玉异于他物的四大特性：色泽丰富、雕工精细、地气酝酿、变幻色沁。

古玉有三忌

一忌油，旧玉地涨①未足，常粘油腻，则清光不能透出，故佩玉者，把玩日久，恐被油沁，脑油鼻油，则尤甚。必须用滚水洗之，方能退油。盘者倘用鼻油摩擦，是爱之反不如毁之之为愈也。

一忌腥，玉与腥物相接，即含腥味，且伤玉质，就海滨出土之玉观之，无一完璧，即可知矣。一忌污浊之气，倘有妇女污手盘弄，则土门②闭塞，玉理之灰土不能退出，纵加盘功亦无益也，故妇女欲盘出土古玉，非洗净手不可。

[注释]

①地涨：指古玉的原生皮壳。
②土门：即古玉的色沁、土蚀侵入玉质肌体的入门之处。

[译文]

一忌讳油腻，古玉的原生皮壳尚未致密，常粘上油腻，清澈的光泽就不会透出，所以佩玉的人，把玩时间太长，恐怕古玉会被油所沁，脑门上的油和鼻翼油尤其厉害。必须用沸腾的水清洗，古玉黏附的油光才能退去。盘古玉的人若是用鼻油摩擦，与其说是爱玉，不如说是毁玉啊。一忌讳腥气，玉与腥物接触，就含有腥味，而且会伤害玉质，从海滨之地出土的古玉基本上

玉螭把杯　宋代　台北故宫博物院藏

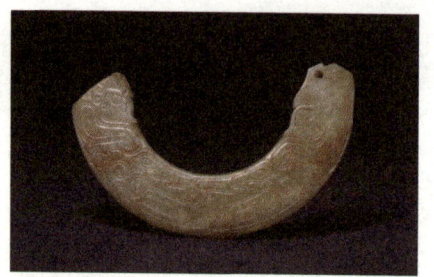
玉璜　西周　美国私人收藏

没有一件完整便可知道。一忌讳污浊之气，倘若妇女满手污秽盘弄古玉，则古玉的土门闭塞，玉质肌理中的灰土不能退出，纵使再如何盘摩都无济于事，徒劳无功，所以要让妇女盘出土古玉，必须洗干净双手才行。

[解析]

作者介绍了把玩古玉的三大禁忌：油腻、腥味、污浊，但"污浊"一项明显带有男尊女卑的歧视心态。

古玉有四畏

一畏火，常与火近，色浆即退；一畏冰，常与冰近，色沁不活；一畏惊气，佩者不慎，往往坠地，如落砖石之上，重则损伤，轻则肌理含有裂纹，其微细如发，骤视之而不得见；一畏羌水，如与羌水相触，色沁之处，即黯淡无光，重则浑身麻点，虽盘之亦难生效。

[译文]

一怕火，如果古玉常与火接近，色沁、包浆就会消退；一怕冰，常与冰

持荷玉童子　明代　上海卢湾打浦桥明顾氏家族墓出土

接近,色沁就不鲜活;一怕受惊,佩戴者不谨慎,往往把佩玉掉落坠地,如果落在砖石上,严重的话就损伤,轻度的话玉质肌理会有细微如发的裂纹,猛然一看往往看不见;一怕姜水,与姜水接触,有色沁的地方立即黯淡无光,严重的话玉器浑身出麻点,即便再怎么盘摩都不生效。

[解析]

作者介绍了古玉畏惧的四个环境:火、冰、受惊和姜水。关于第四点,有些人以为用姜水可以去除古玉的土腥气或腐臭气,但刘大同认为切不可行。

戒　奢

三代帝王,每以用玉过奢,以致亡国。就夏桀玉床,殷纣玉杯,即可知矣。纣之自焚时,犹佩玉五千之多,武王得纣之宝玉万四千,佩八万,足征过奢者国必亡。余于庚子乱后,在俄使馆,见西后所用白玉浴盆，长约七尺，阔约三尺余，高约二尺六寸，厚约六寸。白玉花瓶十对，高约尺余。白玉花篮十六对，高约二尺，质地刀工，无一不精巧入妙。在英法德日使馆，见珠花翠花无算[①]，均系白玉花盆，其余玉器尤多，笔不胜记。据外人云：均属西后[②]御用之品。余退，语人曰：西后奢华，不减桀纣，国必亡矣，诚以古之君子，必佩玉者，为比德也，非为嗜好也。吾愿嗜古玉者，常存比德之心。斯善矣，如必欲穷其所好，则又失之奢矣。当如《关雎》之诗[③]，乐而不淫[④]，方为达人。

[注释]

①无算：无法算计，形容数目多。

②西后：西宫慈禧太后（1835—1908），满族，叶赫那拉氏，清朝同治、光绪两朝的实际统治者。

碧玉佛　清代　美国旧金山亚洲艺术馆藏

翡翠插屏附座　清代　台北故宫博物院藏

玉瓶　清代　海外私人收藏

玉唾壶　清代　天津艺术博物馆藏

③《关雎》之诗：指《诗经》中的首篇《关雎》。

④乐而不淫：快乐而不放纵，指有节制、不过分。

[译文]

　　夏商周三代帝王，往往用玉过于奢华，以至于亡国。从夏桀的玉床、殷纣王的玉杯，就可知道了。商纣王自焚时，身上还戴了五千多件玉佩，周武王从商纣王那里获得宝玉一万四千件，玉佩八万件，这足以证明过度的奢华必然会使国家灭亡。我在庚子（1900）变乱后，在俄国驻华使馆里，看到西太后（慈禧太后）用的白玉浴盆，长约七尺，阔约三尺余，高约二尺六寸，厚约六寸；还有白玉花瓶十对，高都超过一尺；白玉花篮十六对，高约二尺，质地和刀工，无一不精巧华丽。我在英、法、德、日使馆，见过无数珠花、翠花，它们都是装点白玉花盆的饰件。其他种类的玉器就更多，无法全部记录下来。听外国人说，这些玉器都是西太后的御用品。我后来对别人说：西太后的奢华程度，不减夏桀、商纣王，国家必然灭亡啊。古代的君子，一定会佩玉，但他们不是为了满足自己的嗜好，而是为了以玉比德。我希望爱好古玉的人，能常常存有比德之心，这才是好事。如果一心去追求个人的嗜好，就会走向奢侈的极端，像《关雎》这首诗那样，快乐却不是没有节制，才是通达事理的人。

[解析]

　　作者总结了历史上因为用玉过于奢华导致亡国的事例，尤其列举了所见西太后奢华的证据，倡导佩玉、玩玉应是"以玉比德"，切不可玩物丧志。